「つながり」で売る！ 法則

藤村正宏

日経ビジネス人文庫

文庫化にあたってのはじめに

こんにちは。藤村正宏です。

本書を手に取ってくださり、ありがとうございます。

この本は、2016年の夏に発刊した『「つながり」で売る! 7つの法則』を文庫化したものです。

人は情報が膨大になると、近い関係性の発信者の情報を信頼する。

「つながり」のある店舗や人からモノを買う。

だから「関係性」がとても重要。

そんな「つながりの経済」の到来をテーマとした本で、おかげさまでたくさんの方に読んでいただくことができました。

具体的には、「SNS消費」が消費に大きな影響を与えるということ。

モノではなく体験を売るという考え方が主流になること。

個人を出すことが価値になるということを書いています。

単行本が刊行された当時から、「つながり」による消費活動がぐんぐん加速しています。誰もがSNSを使い、SNSが社会インフラと化し、個人消費に大きな影響を与える。SNSで関係性を大切にしていくことがますます大事になっているのです。

文庫化にあたって、発刊当時の文章は事例含めてそのまま掲載しています。SNSの話のほか、紙媒体やウェブ、リアルイベントなどさまざまなアプローチでお客さまとつながる方法を述べています。「アナログ」事例であっても、今でも通用する普遍的なことであり、あなたのビジネスに必ず参考になるはずです。

最終章の「法則8　お客さまではなくファンをつくろう!」は最新のSNS事例を入れて、すべて書き下ろしました。SNS飽和時代、企業のSNSはなぜ成果を出せないのか、なぜ継続しないかなどについても述べています。

テクノロジーの進化とともに、今の時代は、過去のどの時代より激しいスピードで変わっています。その変化の流れに乗ることが、ビジネスの成功にも、人生の仕合わせにとっても、大切なことなのです。流れに逆らわず、流れに飲み込まれず、流れに乗ることです。

そのためには、何歳になってもどんな環境にいても、絶えず学び続けること。

社会がどうなっているのか。

新しいテクノロジーがあなたのビジネスや生活にどう影響するのか。

世界を俯瞰できる大きな視点を持つこと。

それが、これからの時代に必要とされるために大切なことなのです。

そして、今の環境に柔らかく順応していくこと。

将来どんな変化が起きるのかは、誰にもわかりません。

だから、どんな状況になっても、そこに順応する柔軟性、適応力が必要です。

この本があなたのビジネスに役立ち、あなたの未来が輝くものになることを祈っています。

２０１９年３月

藤村正宏

はじめに

想像してください。
あなたはひとりで起業しています。
事務所は自宅。
あなたのオリジナル商品を売っている。
ポロシャツやボタンダウンのシャツ、Tシャツなどの衣料品。
セカンドバッグやペンケース、ステッカーやカレンダーなどの雑貨。
SNS（ソーシャル・ネットワーキング・サービス）上でしか売っていません。
それも受注してから生産するスタイル。

ある晴れた初夏、日曜日の午後2時。
自宅のリビングのソファで、ビールを飲みながら次に売る商品であるショートパンツとポロシャツをインスタグラム、ツイッター、フェイスブック、ブログにアップしました。

いずれも1万5000円。
月曜日の夕方、購入の締め切り時点で、650名が購入してくれました。
売上は約1000万円。
販促費はゼロ、営業経費もゼロ、ECサイトもつくっていないので、その経費もゼロ。
外部で商品を製作する経費と商品を送る経費だけ。
利益はざっと500万円です。
毎月1回だけ発売します。
いつも1000万円ほどの売上があります。

こういうビジネスやりたいですか？
できたらいいと思いませんか？
そんなの無理だと思いますか？

でもね、こういうのって無理じゃないんです。
これができるのが、SNS時代――「つながりの経済」の時代なのです。

ボクの周囲には、実際にこれとほぼ同じことをやって、売上をあげている人がたくさんいます。

こんにちは。

マーケティング・コンサルタントの藤村正宏です。

ボクは、「『モノ』を売るな！『体験』を売れ！」というマーケティング手法——エクスペリエンス・マーケティングを、もう10年以上言い続けています。

略して「エクスマ」。

エクスマの考え方で売上をあげる方法を、毎日のように企業にアドバイスしています。

クライアントは、カメラのキタムラ、パナソニック株式会社エコソリューションズ社、イオン九州株式会社、ゴルフパートナー、北海道にある観光ホテルチェーンの鶴雅グループ、ヤマハ発動機販売などいわゆる大手企業（なかには売上が兆を超える会社もあります）から、中堅・中小企業までさまざまです。

さらに、経営者を集めて、「エクスペリエンス・マーケティング実践塾」（エクスマ塾）

も開催、８００社以上の経営者がこの塾を体験し、圧倒的な実績をあげています。

エクスペリエンス・マーケティングとは、「モノ」ではなく「体験」を売るマーケティング手法だとさっき述べました。もう少し詳しく説明しましょう。

あなたが売っている商品・サービスを、商品やサービスだとは考えない。

その商品やサービスを提供されたお客さまが、どういう「体験」を手に入れることができるのか？

そう考えてみるマーケティング手法です。

別の言い方をすると、こんな感じです。

「モノ」じゃなくて「コト」を売る。
「ライフ」じゃなくて「ライフスタイル」を売る。
「スペック」じゃなくて「意味」を売る。

どんなビジネスも「コト」「ライフスタイル」「意味」を売らなければ、これからの時代はやっていけない。

カンタンにいうとそういうことです。

たった1日で、それもSNSとブログの発信だけで1000万円の売上、利益500万円をあげること。こういうビジネスができたら、いいですよね。

エクスマならそれが可能です。実際にそれをやっている人を紹介しましょう。


厳しい環境にあるアパレル業界。

価格が安くて、デザインもいい洋服がたくさんあるから競争が激しくなり、ファストファッションの店にお客さまが移行して苦戦している会社が多い。

そんな中、一切の値引きもせず、SNSとブログで売れているアパレルブランドがあります。

年商20億円超のアパレルメーカー・株式会社ピーアイ。

代表取締役社長の奥ノ谷圭祐さんは、ボクが主催するエクスマ塾の塾生です。

この会社のブランドのひとつ「Keisuke okunoya」は、シンプルなカーディガンとかパーカーとか、ショートパンツをつくっています。

でも、販売はSNSでのみ。

社長である奥ノ谷さんのブログで紹介して、フェイスブック、ツイッター、インスタグラムでそのブログを拡散しています。

そこからダイレクトメッセージやメールなどで注文を受ける。


ある春に1日だけ販売したポロシャツは1万5000円、1回ブログで発信しただけで、400名以上から注文があった。

同時に発売したショートパンツ（1万5000円）も、セットで買ったお客さまがかなりいた。それだけで売上としては1000万円近くになります。

このひとつのブランドだけで、2年間での売上は9000万円。

高額な費用のかかるECサイトもつくらず、広告も、キャンペーンも一切しないで、ただブログに書いただけです。

正規の価格でそれだけ売れるのです。

営業経費は限りなくゼロに近い。

ユニクロなどのファストファッションの店で売っているポロシャツに比べたら、10倍以上の価格です。

もちろん、質の高い製品ですし、細かいところまでデザインされている。

でも、ユニクロの製品だって質は高い。

そのユニクロの製品の10倍以上もする価格なのにもかかわらず、飛ぶように売れるわけです。これは経済的合理性では説明できない。

また、洋服というのは、他人と同じものは着たくないと思うのが普通ですよね。

結構いいブランドの洋服でも他人とカブるとちょっとイヤです。

ところが奥ノ谷さんの洋服に関しては、他の人と同じことが誇らしいかのように、買った人たちがSNSに、自撮りした写真をアップしています。

なかには、何人か集まってお揃いでポロシャツを着た写真を投稿している人もいる。

商品が届く時期になると、ボクのフェイスブックやツイッターのフィードは、「Kei

suke okunoya」のポロシャツに占領されてしまうくらいです。
「Keisuke okunoya」が自然に拡散していく。
そして、また新しいファンができる。
そういう流れができあがっているのです。

これはもう、ポロシャツという「モノ」を買っている感覚ではありません。
「Keisuke okunoyaのコミュニティ」に参加しているということ。
楽しいコミュニティに参加することを買っているわけです。

それは奥ノ谷さんが毎日、「個」を出した楽しい発信、気づきのある発信をしているから。
そして、SNSでつながっているたくさんの人たちと、いつもコミュニケーションしているから。

奥ノ谷さんは1年のうちのほとんどを短パンで過ごしています。

オフィシャルもプライベートもいつも短パン。

周囲から「短パン社長」というニックネームで呼ばれています。

見た目がとってもおしゃれで、個性的です。

ブログ、フェイスブック、ツイッター、これは毎日更新しています。

この内容が面白く、共感を呼んでいる。

ファンが毎日のように増えている状態です。

ブログなどを通して、講演依頼や雑誌の取材、テレビ出演依頼など、たくさんくるようになり、さらにファンが増えていく。

結果的に「Ｋｅｉｓｕｋｅ　ｏｋｕｎｏｙａ」のブランドが牽引して、奥ノ谷さんの会社の他のブランドも、売上が年々あがっているという好循環ができているのです。

「まずSNSでつながる↓そこで共感したり好感を持ったりする↓その後に商品が買われる」という、今までの消費とは逆のパターンになっています。

まさにこれが「つながりの経済」の特徴です。

こういう消費が表に現れないところで、たくさん行われている。

経済的合理性では説明できない、SNS的な消費。


数字ではわからない部分。

多くの人は気がつかない部分。

そういう消費が、SNSを中心に増えているのです。


お客さまを巻き込んで発信したりコミュニケーションしていると、あなたやあなたの会社を中心にしたコミュニティができあがっていきます。

たくさんの共感する人とつながり、コミュニティができあがっていくと、ビジネスはとっても楽になります。すでにあなたに共感してくれている人たちです。

当然クレームをいう人も、値引きを要求する人も、少なくなります。


見ず知らずの人からはモノは買わない時代になっていく。

人は、似たようなモノを買う場合、関係性の深いほうでモノを買う。

SNSの登場で、多種多様な関係性がつくりやすくなった。
人は多くの人とつながっているのです。
それが究極まで到達すると、必要なものはすべて知り合いから買う時代になるのです。

「つながりの経済」の兆しは、さまざまなところで見られるようになっています。
この本では、たくさんの事例とともにそれを解説していきます。
新時代の萌芽を感じ取り、あなたのビジネスに置き換えて応用してください。

大丈夫です。まずあなたが楽しむことです。

2016年7月

藤村正宏

「つながり」で売る！　法則　目次

つながりで売る！

大前提
「つながりの経済」でビジネスの常識が大きく変わった！

つながりで売る！

法則 1
もう、見ず知らずの人からモノは買わない！

つながりで売る！

法則 2
出来事を「情報」に変換する！

つながりで売る！

法則 3 「モノ」を売るな！「体験」を売れ！

つながりで売る！

法則4 「価値」を伝える！

つながりで売る！

法則5 「共感」をつくり出す！

つながりで売る！

法則6

風通しのいいコミュニティをつくる！

つながりで売る！

法則7

つながりがつながりを生む！

つながりで売る！

法則8 お客さまではなくファンをつくろう！

つながりで売る！

大前提

「つながりの経済」で
ビジネスの常識が
大きく変わった！

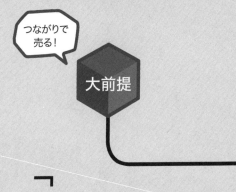

1

「つながりの経済」ではまずお客さまと相思相愛になることが大事

モノが売れない時代でも、安売りせず、お客さまをたくさん集め、大きな利益をあげている会社がたくさん存在します。一方で、安売りを続け、疲弊している会社もあります。

そのちがいは何でしょう?

当たり前ですが、それは「売る力」です。

どんな仕事だって、売る力がなかったら、やっていけません。

でも、勘違いしないでください。

今の時代は、売る力といっても、売り込みとはちがいます。

ゴリ押しして買ってもらう。

しつこくつきまとって買ってもらう。

泣き落としで買ってもらう。

交渉して買ってもらう。

……こういうのを営業力と思っていたら、あなたの会社はいずれ行き詰まるでしょう。

「売る力」とは、あなたのお客さまに、あなたの商品を自然に欲しいと思わせることです。

そして、無理強いしないで買ってもらうこと。

カンタンにいうと、これが「つながりの経済」の時代のマーケティングです。

ほとんどの生活者は、モノはたくさん持っています。

だから、モノをモノとして売っていては売れない。

もう10年以上も前からいわれていることです。

今は、いきなり買ってもらうことを考えるより、あなたの見込み客になりそうな人と、関係性をつくり出してから買ってもらったほうが、よく売れるのです。

関係性というのは「つながり」です。

そのためには、あなたを好きになってもらうことが最重要です。

広告や販促物を見ていると、いきなり見ず知らずの人に「買ってください」といっているようなものばかりです。

売り込みだけの広告や、セールの案内だけのダイレクトメール、ただ商品が並んでいるだけのチラシ……。

もっと相手の気持ちを考えたアプローチをしなければ、お客さまには届きません。

あなたのお客さまを、あなたに夢中にさせることが、ビジネスで本当の成功を手に入れる方法なのです。


あなたのことを好きになってもらう。

あなたの商品や店、会社を好きになってもらう。

お客さまと「つながり」、その「つながり」を拡散していく。


そうすると、売ろうと思わなくてもお客さまは、喜んであなたの商品を買ってくれる。

「あなたがすすめるのなら買うよ」。そういうことです。

お客さまを好きになり、お客さまに好きになってもらう。

これが、これからの時代に目指すビジネスのやり方です。

2 カーナビに出ない道がある！

2015年3月、首都高中央環状線の大橋ジャンクション〜大井ジャンクションが開通しました。

この高速が開通したことで、ボクの自宅から羽田空港までの時間が短縮されたのです。今までの半分くらいになった。

結構使う高速道路です。でも、その道がクルマのナビでは出てこないのです。

ボクのクルマは2015年1月に登録したBMWの3シリーズのツーリングワゴンです。

当時、最新式のナビゲーションシステムが装備されていました。

その最新式のナビが、わずか2カ月で使い物にならなくなったってことなんです。

人の家の上をガシガシ通っていく。

スマートフォン（スマホ）の性能がよくなり容量も増えたことで、現在、専用機といわれている商品が売れなくなっています。

たとえばiPodに代表されるデジタルミュージックプレイヤーや、コンパクトデジタルカメラなどです。最盛期の5分の1くらいの売上になっている。

そんな中でもカーナビはコンスタントに売れているそうです。

それは新車にほぼ標準装備されているから。

だけど、このままだといずれ消え去る商品だろうなって思うわけです。

これまでのマーケティングのシナリオは以下の3つのどれかを選ぶというのが、定説でした。

①高性能の質の高いものを提供する
②どこよりも安くする
③狭いターゲットと専門性

そして、この3つを同時に達成することは不可能だといわれていました。

ところが、スマホのアプリはこの3つを同時に実現しています。

ヤフー！カーナビもグーグルマップも最新のコンテンツにアップロードされています。おまけにアプリは無料です。そして、使っている人にカスタマイズされていく。

・性能がいい
・無料
・ユーザーにカスタマイズ

こんな特性を同時に持つ商品が登場しているのですから、もう昔のマーケティングの思考が通用しなくなっているってことです。

世の中、激しい勢いで変わっています。

昔の考え方のままビジネスをしていると、ある日突然、業界がなくなっていることもあるかもしれません。

3 不特定多数の人に向けるマスの考え方は効果がない

今、もっとも大事なこと。それは、世の中の変化を認識することです。

世の中に流通する情報量が爆発的に多くなりました。

そんな環境ですから、あなたの会社の販促物を見てもらえるというのは奇跡的なこと。

あなたの会社の販促物もその膨大な情報のひとつなのですから。


スマートフォンの普及が、人々の消費を変えました。

スマホを使っている人は、場所も時間も選ばす、24時間365日インターネットにつながっている。

だから、真夜中に商品が欲しくなっても、すぐに買い物ができる。

実際の店舗で商品を見て、その売り場でスマホを使って値段の比較も瞬時にできる。

品揃えが多いとか、価格が安いとか、そんなものはもはや「価値」ではありません。

さらにスマホでゲームをしたり、音楽を聴いたり、映画やドラマを観たり、娯楽の部分で活用している人も多い。

あなたのお店にわざわざ行く時間、あなたのブログを見てもらう時間、あなたの会社の販促物を見てもらう時間は、確実にスマホに奪われています。

SNSの日常化で、人々はつながりやすくなり、友達や知り合いとのコミュニケーション時間が増えています。

これが、マーケティング的に社会に影響を与えないわけがありません。

好むと好まざるとにかかわらず、SNSを利用している人々の行動は、すべての企業活動に影響を与えます。

さらに、SNS（ソーシャル・ネットワーキング・サービス）は、リアルのソーシャル（社会）に近づこうと加速度をつけて進化しています。

もはや水道や電気のようなインフラに近づいているということ。

いや、もうすでに完全にインフラ化しているということ。

フェイスブックやツイッター、インスタグラム、LINEなど、年代や性別を問わず、みんな普通に使いまくっていて、特別なものではなくなっています。

そういう環境で、今までのような新規客獲得を目的にしたマーケティングをやっていたら、なかなかうまくいかないのは当然のことです。

従来のマーケティングは通用しなくなってきている。

そう思ったほうがいい。

こんな状況下では、たくさんの人との「つながり」が一番重要になってきます。

だから、買ってもらう前から、SNSでコミュニケーションすることが大事なのです。

SNSで楽しみながら、関係性をつくり出し、深めていく。

あなたを中心として、お客さまのコミュニティができあがったら、これほど強いことはありません。

そのためにどうしたらいいいか。

それは気前よく役立つ情報や興味深い情報を発信して、お客さまとコミュニケーションをとって、共感を得ること。

そうしたら、あなたやあなたの会社を中心とした「コミュニティ」ができあがります。

古いビジネスでは、「お客を囲い込む」という言葉をしょっちゅう使っている人がいましたが、もうそんなことを考えていると、知らず知らずのうちにお客さまから敬遠されます。

囲い込みしようとした途端、それを敏感に感じ取り、お客さまは遠ざかります。

理想は、あなたの発信に共感してくれた人たちが自然に集まってくるコミュニティです。

なんの規制もない、会員制でもない、出入り自由のコミュニティを、あなたのSNSを中心につくること。これが今の時代の繁盛の法則です。

4 SNSの普及で口コミが目に見えるものになった

エクスマを勉強して繁盛店になった、神奈川県大和市にある美容室「ガナーズ」。

勝村大輔さんが経営しています。

彼はエクスマ塾生で、今ではエクスマ塾のサポートスタッフもやっている。

サッカーが大好きな美容室のオーナー。

彼が発信するサッカーの話と経営論がSNSで拡散するうちに、コンサルティング、講演やセミナーの依頼が増え、サッカーの取材やビジネス書の執筆もするようになった。

今では、美容室経営、ヘアスタイリスト、サッカージャーナリスト、マーケティング・コンサルタント……と、本業と副業の境がなく仕事をしている感じです。


そんな勝村さんをセミナーのゲスト講師で呼んだときに、彼が面白い話をしてくれた。

それは「SNSの普及で口コミが可視化した」ということ。

美容室でも飲食店でも、お店はいつもユーザーのコメントや批判に翻弄されています。

これは、よくも悪くも出どころがわからない噂話。

ところが、SNSの普及によって、噂がどこから出ているのか、その人がどんな風に噂しているのかなどが見えるようになった。

これが口コミの可視化ということ。


さまざまなサイトに書き込まれる評価やコメントなどを見ていると、まるでそうした評価が、そのお店の価値であるかのような錯覚に陥ることがあります。

確かに、利害関係にない第三者の声は、参考になります。

お店の価値はお客さまの評価により決まる。

当然といえば、当然かもしれない。

でもね、そのコメントが信頼できるのか?

これが問題になるわけです。

基本的に情報の信頼度は、発信者で判断されるからです。

誰が発言しているのかによって、信頼度は変わるということ。

テレビCMや広告などで、製品を自画自賛する企業。

CMに登場する有名人の推薦。

そういうことを真に受ける人は、もはやほとんどいなくなっている。

現代の消費者にとっては、SNSでつながるコミュニティ上で、友人や知人が発信している情報こそ信頼度が高いっていうことです。

仲のいい人、好きな人、尊敬する人、支持賛同している人、応援している人からの情報を信頼する。

その人との関係性が信憑性を生むっていうことです。

勝村さんは自身のブログでこんなことを書いています。

＊＊＊

自分が発信する側、お客さん側に立って考えてみましょう。

あなたは、そのお店のことを、どのように発信するのだろうかと。

自分とそのお店との間に、どんな関係性があるのかで、情報の中身が変わっていると思いませんか。

・お店を推薦する人＝関係性の深いお客さん
・お店を評価する人＝関係性の浅いお客さん

噂の出どころは、関係性の深いお客さんである場合が多いということになります。

これまでのマーケティングは、顔の知らない誰かに、一方的に情報を届けることに必死だった。チラシを撒いたり、広告に投資したり、マス媒体が主流だった。

うちのお店は、「技術がスゴいよ〜」とか、駅近で、駐車場があって「便利だよ〜」とか、「全国に何店舗もあるんだよ〜」とか、「コンテストで優勝したんだよ〜」とか、規模や肩書を主張することで、顔の見えない人の顔色をうかがってたわけです。

ところが、ここ数年、チラシや広告を出してもヤバイくらい反応がなくなってきた。

その理由は、ライバルが多いからか、情報過多だからか。

もちろんそれも一因ですが、それ以上に、ＳＮＳの普及により、口コミが加速してるからなのです。

＊＊＊

いい口コミは、〝関係性の深さ〟により伝播する時代になったということ。

ＳＮＳのおかげで、いい口コミが世の中を早く広く駆け巡るようになりました。

口コミの出どころがわかりやすくなったことで、批判や中傷は少なくなってきている。

だから、恐れることなくコミュニケーションを活性化させて、お客さまとつながり、さらに仲良くなりましょう。


「お客さま」と「お友達」。


その境界線が溶け出してどんどん曖昧になっていく。

これが繁盛する会社や店の特徴になっていくのです。

5 クレラップが「お客さまの声」を集める場所

「SNSって、やったほうがいいんですか？

ウチのお客さまはみんなSNSとかやっていないんですが……」

講演やセミナーでよくこんな風に聞かれます。ボクはそれに対して、いつもこう答えてるんです。

「じゃ、やらなくてもいいんじゃないですか」

こうした質問の奥には、SNSはやりたくない、SNSでは効果がない、SNSなんて使わなくても大丈夫。そういう意図があるからです。

そういう気持ちでスタートすると、SNSをやっても本気にならないし、時間とコストをかけてやる覚悟がないから、いい結果にはなりません。

だからやらなくてもいいと思う。

でも、5年後、10年後が心配になります。

そのときになって、果たしてお客さまがまだSNSをやっていない人ばかりか?

それは考えにくい。

そのときに慌てて始めても、先行したライバルは知見をため、ずっと先を走っている。

自分だけが知らず知らずのうちに、蚊帳の外。そんな状態になってしまう。

新しいルールの新しいゲームが始まっているのです。

小さな会社だけでなく、大きな企業においても同様です。

クレハという会社があります。「クレラップ」をつくっているメーカーです。

この会社に呼ばれて講演をしました。

取引先を集めた新製品発表会のような場でした。

社長とお話ししていて、ツイッターをうまく活用しているなって思った。

クレハさんの商品のメインユーザーは一般には主婦の方ですよね。

ツイッターの中で自然に主婦のコミュニティができあがっているのです。

だから、ツイッターに投げかけると、たくさんの感想や意見が届きます。

たとえば、「日頃クレラップを使っていて、どんなときにストレスを感じますか？　教えてください！」とツイートすると、「切るときに斜めになってしまって、それが中で絡みついて使いにくいです」といった意見が返ってくる。

そういう意見を集約して、製品開発や改善に役立てています。

新しい「クレラップ」は、絡みつくストレスがかなり改善された製品になっていて、切りやすかったです（ボクはほとんど切る機会がないんですけどね）。

ビフォーSNS時代だと、ユーザーの意見や感想を聞くためには、調査会社にそれなりのお金を支払って調査しなければなりませんでした。

SNS時代は無料でカンタンに、ユーザーの生の声を聞くことができます。

大きな企業でもダイレクトに消費者とつながることができる。

これが、「つながりの経済」の大きな特長です。

6 「人」が中心のメディア、「場」が主役のメディア

この本では、SNSやソーシャルメディアの事例がたくさん出てきます。SNSとソーシャルメディアって、ちがいがわかりにくいかもしれないので、ここでちょっとだけ説明しますね。

これは、あくまでもボクの定義です。

学問的にどう分類するかといったことではありません。

ソーシャルメディアは、インターネット上で、発信している人以外にも、コメントをしたり、書き込んだり、意見を述べたりできるメディアを指します。

皆さんがよく知っているインターネット上の辞書「ウィキペディア」もソーシャルメディアの一種。

他には、価格比較サイトやレストランの口コミサイトなどもそれに分類されます。

そして、ソーシャルメディアの中のひとつの分類としてSNSがある。

フェイスブック、ツイッター、インスタグラム、LINEなどの個人と個人がコミュニケーションするものがSNSです。

ソーシャルメディアの中には「場」が中心のものと、「人」が中心のものがある。

そして、「人」が中心のものがSNSということ。


たとえば有名な飲食店の口コミサイト「食べログ」は、ユーザーが口コミを投稿します。サイトを訪れた人は、投稿を参考にしながら店を選んだり、クーポンを使ったりします。

でも、基本的に投稿した人とコミュニケーションすることは、ほとんどありません。

それは「人」が中心のソーシャルメディアではなく、「場」が主役ということです。


SNSは、フェイスブックでもツイッターでも、人と人をつないでいます。

ユーザー同士のコミュニケーションが基本。

「人」が中心のソーシャルメディアだということです。

本書では、本文中に「ブログやSNS」という文が出てくることもあります。

ブログとSNSは分けて表現しています。

ブログもソーシャルメディアの一部かもしれませんが、コメントを受けつけない設定にしていたら、ソーシャルメディアではないというのがボクの定義です。

ブログとSNSは役割がちがうと捉えていますので、別な種類としています。


これはボクが、日頃ソーシャルメディアを使い続けていての感覚です。

「つながりの経済」の中で、マーケティングにSNSを活用することを提案・実践している、この本の中での定義だと思ってください。

7

個人の影響力が社会を変える！

未来は予測できなくなっています。

大きなイノベーションが求められているのです。

アダム・スミス以来、根本的なところでは変わっていない「資本主義」が大きく変わろうとしている。まさに「創造的な破壊」が必要になっている。ボクはそう確信しています。

個人の発信力を高め、影響力を持つこと。

そしてたくさんの人とつながり、コミュニティをつくり出すこと。

あなたのことが大好きだという、ファンやお友達だけでビジネスが成立する——そんなことも可能になるのです。

旧来の資本主義は終わり、「つながりの経済」になっていく。

この時代に合ったビジネスをすること。それが大事です。

つながりで
売る！

法則 1

もう、見ず知らずの人からモノは買わない！

1 すべての消費が関係性の中で行われる

「もう、見ず知らずの人からモノを買う人はいなくなる」

数年前、ふとそんなことを思いました。

今はたまたま欲しいものを売っている友達がいないので、見ず知らずの人から買っている。

だけど、親しい友達や関係性の深い人がそれを売っていたら、その人から買うんじゃないだろうか。

ということは、SNSで知り合い、仲良くなる人が増えれば増えるほど、見ず知らずの人からは買わない。そんな妄想です。

そして、「ありえないよな」ってすぐに思った。

そんなのは現実的じゃない。どんなにSNSが発達しても、欲しいものをすべて知り合いから買うなんてことはあるわけがない、って。

数年前までは……。

でも、今は「ここにきて、そうなりつつある」と確信しています。

SNSで交流していると、縁やつながりが増え続けます。

本当にすべての消費が、関係性で行われる日も近い。そう思っているのです。

そうなると企業はこれまでのマーケティングのシナリオを改める必要があります。

これまでは、企業はほぼ一方的に情報を発信するだけでよかった。

だけど、今は消費者同士がつながるようになった。

オンラインでも、オフラインでも、ビジネスの環境に変化が起きたわけです。

つながっている消費者に、そのつながりの中で、口コミをしてもらえるように気を配ることが大事です。

ソーシャルメディア、ウェブ媒体、紙媒体、リアルイベントなど、トータルに情報を発信し続ける。

リアルなのかヴァーチャルなのか、デジタルなのかアナログなのかという対立関係でとらえるのではなく、全部一緒ととらえる。

たとえば、チラシ、ホームページ、ブログ、ユーチューブなどを使って有益な情報を発信していきます。さらに、ニュースレターを出したり、イベントやセミナーを開いたり、さまざまな方法でゆるやかな関係性をつくり出します。

トータルなメディアで情報を発信して、ゆるやかな関係性をつくる。

これが、「つながりの経済」の根幹です。

それまでは「知り合い」だった人が「友人」に変わっていく、あるいは「友人」が「親友」に変わっていく、というイメージで考えるといいでしょう。

あなたが発信する情報で、消費者と友達になるのです。

2 商品を買ったことがなくても「既存客」

「既存客を死ぬほど大切にしよう」。ボクはずっとこう言い続けてきました。

ただ、ここでの既存客とは、「お金を出して商品を買ってくれたお客さま」のことでした。

でも、今は一概にそうとはいえない。

お金を支払っていなくても、既存客になる。

たとえば、あなたのブログやフェイスブック、ツイッター、インスタグラムの発信を毎日見てくれるファンがいたとしたら、それはもう既存客なのです。

たとえあなたの商品を一度も買ったことがなくても。

そういう意識を持つことが、これからの時代に大切なことです。

あなたのブログやフェイスブックの情報、ＳＮＳでコミュニケーションしているコト。

そういったことが、もうあなたの「商品」なのです。

3 むかしむかし、「電話」という道具がありました

むかしむかしのお話です。

むかしむかし、ある街がありました。

たくさんの商店があって、人々もそれなりに仕合わせに暮らしていました。

あるとき、「電話」という道具が1軒の店に入りました。

すると、隣接するたくさんの街のたくさんの人から、電話を使って注文が入るようになり、その店の商品がたくさん売れ始めました。

そこの店主は、あっという間にお金持ちになりました。

他の店の店主たちは、それがどうしてなのか、気づきませんでした。

電話を入れて成功した店主は、お友達の店主たちに「電話」をすすめました。

半分の店主は、店に電話を入れました。

でも、半分の店主は「そんなものは要らないよ。これまで通りの顔を合わせたふれあいが一番だからね」ということで電話を入れませんでした。

電話を入れた店はどんどん発展して、売上も利益も大きくなっていきました。
電話を入れなかった店はそれを見ていて、慌てて電話を設置しました。
最後まで電話を入れなかった店は廃業しました。
そうして、電話は商売の必需品になっていったのです。

めでたし、めでたし。

この「電話」の部分を「SNS」に変えて読んでみる。
それが今の状況です。

4 ハワイア～ンな薬店の革命的な売り方

まずは図1－1の写真を見てください。

何の店だと思いますか？

カフェ？　リゾートホテル？　海辺の別荘？

実は、「薬店」なのです。


大阪府堺市にある「ハッピー薬店」、ＰＯＰ広告の名店として知られていた店です。

当時は視察する人が引きも切らず、ビジネス誌に「ハッピー薬店のＰＯＰすべて見せます」という特集が組まれるほどＰＯＰで販促をして繁盛していた店です。

面白いＰＯＰ、効果的なＰＯＰがたくさんあり、業界平均を大きく上回る、25坪で月商850万円の店ということで話題になっていました。

もう10年来になるボクの塾生、橋本亨さんが経営している薬店です。

[図1-1]

ところが今は、その面影がまったくありません。

この写真のように、まるでハワイにある別荘みたいな雰囲気。

薬店だってことが信じられません。

何しろ薬店なのに、取り扱っている商品はたった8アイテムです。

どうして、こんな店になったのか？

もともとホームセンターのテナントとして店をやっていましたが、それだとどうしてもホームセンターの集客に左右されます。

そこで、ハッピー薬店にわざわざ来てもらうためにということで、相談やカウンセリングを主体とした店舗にしようと努力しました。

最初は、ダイエットのカウンセリングを主体にやっていました。

カウンセリングのスキルを高めようと、橋本さんはさまざまな勉強をします。

心理カウンセラーの資格をとり、誕生数秘学という占いも学んだ。

カウンセリングを続ける中で、健康であるためには最低限の漢方薬とサプリメントだけで十分という結論に達します。

商品アイテムを極力減らし、在庫をカット、薬は8アイテムだけになってしまった。

さらに美容と健康のために食事指導をするようになり、それが高じて健康な食事を提供するカフェを、店とはちがう場所で開業してしまいます。

糖質制限と酵素入りメニューを提供するハワイアンスタイルのカフェ「アロハス」です。

もともと橋本さんはハワイが大好きなので、このスタイルになりました。

そういう展開で、ある程度成功していたのですが、少し問題が出てきます。

薬店で予約のお客さまの相談を受けているときに、一見のお客さまがやってくると、カウンセリングを中断しなければならない。

だからいつかは、予約相談だけのお店にしたいなと思っていたそうです。

そんなとき、ホームセンターの事情で店の移転を余儀なくされます。

そこで橋本さんは思いつきます。**カフェの2階を薬店にしてしまおう！**

予約のお客さまだけだから、別にカフェの2階でもいいわけです。

身も心もヘルシー&ビューティーになることを提供する店の完成です。

こうして、今の「ハッピー薬店」ができあがっていった。

薬店×カフェ×占い×心理カウンセリング。

それぞれの業態はどこにでもあるものです。

でも、これを掛け合わせることで、他には真似できない独自の価値ができあがったわけです。好きなこと、自分の心が輝く楽しいこと、それをやっているうちに繁盛していった。

さらにハッピー薬店はお客さまと、ニュースレター、メルマガ、SNSやブログでコンタクトして、交流しています。

いつも忘れられない存在になるわけです。

だからお客さまはほとんどがリピーターです。

リピーターになった人は、お友達や知り合いを紹介してくれる。

そういう流れができあがっている。

お客さまと深い関係性をつくっている薬店だということ。

だから一見のお客さまが、フラッと入店することはありません。

新規客は既存顧客からの紹介です。

特に最近では、SNSが普及したことで、この流れに加速がついている感じです。

ハッピー薬店で12年間扱っているある化粧品があります。

この化粧品がSNSで話題になり、売れ始めた。

「ハッピー薬店さんで先日いただいたサンプルの化粧水と美容液がものすごくよかったので、送ってもらいました。目の下のくすみ&ハリツヤ対策です」

こうした投稿が出ると、投稿主へのコメントがいろんな人からついてくる。

「そんなにいいんですかー。試してみたいわ！　地元の伊勢にも売ってるかなぁ？」

「あー！　私も試してみなきゃ！」

「直接行けないし、おばあちゃんの気にいらなかったクレンジングが４本もある（笑）。でも、買っちゃおうかな」

そして、橋本さんもみんなにコメントを返していく。

「うれしいです。ありがとう！」

「はじめまして。ハッピー薬店のオーナーです。伊勢市には取扱店がないので、よければこちらからサンプル送りますよ。店までお電話ください」

買ってくれたお客さまが、その化粧品の効果や使った感想を、自発的にブログやＳＮＳにアップして紹介してくれるようになったのです。

この化粧品は前年比で売上１４２・９％を記録。

そしてすごいのは、扱っている商品（薬）を８アイテムに減らしても、利益は順調に伸び続けていること。近年の決算では、前年比１０７％にもなっています。

ある意味、現代社会における理想の商売です。

こうなったら、販売促進はしなくても十分にやっていける。

もう、見ず知らずの人から買わない時代になってきていることの好例です。

つながりで
売る!

法則

2

出来事を「情報」に変換する!

1 ただの出来事を「情報」に変えるワザ

「羽田空港の第2旅客ターミナルから第1旅客ターミナルに徒歩で移動中」

「羽田空港の第2旅客ターミナルから第1旅客ターミナルに徒歩で移動中。ボクの足だと普通に歩いて約4分かかりました」

ふたつのツイートがあったら、あなたはどちらが価値のある発信だと感じますか？

多くの人は、ふたつ目のほうが価値があると思いますよね。

ふたつのツイートの大きなちがいは何か？

前者は「自分のひとり言」、後者は「誰かのために役立つ」ってことです。

あなたがいいたいことではなく、お客さまが知りたいことを発信する。

そういう意図もＳＮＳでの発信には大切です。

ランチタイムには、料理の写真がフェイスブックのタイムラインを埋め尽くします。

週末や長い休みの期間になると、旅行中の人の楽しそうな写真がたくさん出てきます。そんな写真を見て、「いいな〜」とか「うらやましい」とか「なに自慢してるんだよ」とか思った経験ってあると思います。

ボクもすごく忙しいときに、友達の遊んでいる投稿を見て、うらやましく感じることがあります。

本人は自慢しているつもりはなくても、自慢げに伝わる。

そうなったらイヤですよね。

あなたにとっては重要な記録かもしれませんが、SNSはお友達も見ているわけです。見ている人にとって、それが面白いかどうかを考えることも必要です。

ランチに何を食べたかを投稿してもいいんです。

でも、毎日毎日、同じ店のカレーの画像ばかりだったら、お友達も飽きて、見なくなるかもしれません。

「SNSでの発信は、誰かに価値のある情報にする」という意図を持つことを意識する。

毎回は難しいかもしれないから、3回に1回は意識的にそういう発信をしてみる。

それで、あなたの発信は格段と価値のあるものになります。

冒頭のツイートだと、ＡＮＡが使用している第２旅客ターミナルからＪＡＬが発着する第１旅客ターミナルに徒歩で移動するときは地下の通路を使います。

そんなとき、自分だったらどういう情報があればいいか。そう考えたわけです。

ボクにとって一番気になるのは、どれくらい時間がかかるかということ。

だからそういうツイートをしたわけです。

具体的な数字を使うと、普通のツイートが情報に変わります。


ランチの投稿も、料理の写真だけでなくその店がどこにあるのかをチェックインしてお知らせし、どういうお店で何がおすすめなのか、そういうことを書くと価値が高まります。

「今どき珍しい、全席喫煙できるレストランです」

こんな発信は、タバコ好きの友達にはとってもいい情報です。

観光地の情報も、どういう交通機関を使えばいいのか。どこが見どころなのか。

そういうことを意図すると、いい発信になります。

「阿寒湖はマリモで有名。観光汽船に乗ってマリモを見に行きましょう」

「阿寒湖は釧路空港からも女満別空港からもほぼ同じ距離です。レンタカーが便利。空港から1時間くらいです」

読んでいて面白い、役立つな、重要だな、と思ったブログがあったら、自分の感想やコメントをつけてそれをリンクして紹介する。

これだけでも、価値のある投稿になります。

あなたが興味を持ったってことは、他の誰かにも興味ある情報だからです。

日々の出来事を、「誰かに役立つ情報」に変えることを、時々意図して発信してみましょう。

反応に必ずちがいが出てきます。

2

業界平均の40倍の広告効果。ウエディング業界に革命を起こすホテル

福岡にあるリゾートホテル「ホテルマリノアリゾート福岡」はボクのクライアント。

結婚式を中心に展開しているホテルです。

ウエディング業界というのは華やかで、楽しそうで、きれいな業界のように見えますが、競争も激しく、安売りする会社も多い。大変に厳しい業界です。

日本では若い人の人口も減少しているし、従来のスタイルで結婚式をあげないカップルも多くなっている。

そんな状況で、このホテルの総支配人である友田健さんが、エクスマ的なホテルにしたいと、ボクに相談に来ました。

さまざまなことをやったのですが、特に力を入れたのはSNS。

SNSやブログ、ユーチューブを駆使しました。

SNSを担当しているスタッフはエクスマ塾の塾生、山本隆善さん。沖縄のリゾートホテルでSNS担当として活躍していた人です。

結婚を考える人は、結婚式場の何を知りたいか？

そういう視点で、結婚するカップルが関心のあることや不安に思っていることを解決するような情報を、フェイスブックページに投稿して、コミュニケーションしている。

どういう雰囲気の結婚式になるのか、どういう料理が出るのか、どういう希望をきいてくれるのか、どんなロケーションなのか、どんなスタッフがいるのか……などなど、お客さまが関心のあることを中心に発信しています。

雰囲気を伝えるためには動画がいいということで、ユーチューブにも動画をたくさん投稿しています。

新郎新婦がヨットハーバーをバックに、ドラマティックに再入場する動画「披露宴、新郎新婦お色直し入場！」。

突然、披露宴中にスタッフが踊り出したり、歌ったりする「サプライズフラッシュモブ」。

披露宴会場でいきなりプロポーズする新郎のサプライズ動画。

こんな面白い動画をあげている。

これを観ると、どういう結婚式ができるのか、どういうサービスがあるのかが、一目瞭然なわけです。

そして、こういう動画をフェイスブックページに投稿して、それを時々フェイスブックの広告として発信しています。

フェイスブック広告の設定を、「福岡市在住の25歳から40歳の人」にして、そういう人だけに表示する広告。

通常、結婚式場の場合、広告効果を算出するための目安があります。

広告をして、会場下見に1組来場するコストは10万円くらい。

たとえば、結婚情報誌に広告費を100万円使ったら、10組下見に来るのが標準的ということ。

このコストを下回れば、反応がよかった広告。

上回れば、反応が悪かった広告。

そして下見に来たお客さまが、その結婚式場で結婚式をあげるのは、だいたい30~40%

くらいです。これが業界の標準といわれている。

ホテルマリノアリゾートの場合、フェイスブックの一度の記事広告で、20組から30組のカップルが下見に来場してくれます。

1回のフェイスブック広告の費用は5万円です。

5万円の広告費で20組来場してくれたら、1組の下見コストは、わずか2500円。

なんと業界平均の40分の1の金額です。

今までの常識を破る、コストの安さです。

これで集客できたら、大幅に広告宣伝費が節約できるわけです。

もちろん、まだ従来の紙媒体などの広告も続けています。

でも、いずれSNSだけで集客できたら、企業としてはとてもいいことです。

こういうことは一朝一夕ではできません。

日頃から手間のかかることを、コツコツやってきた結果なのです。

ホテルマリノアリゾートはフェイスブックとユーチューブだけではなく、インスタグラムの使い方も上手です。

「#マリノアリゾートで投稿してね！」と一般の人たちに呼びかけてきれいな画像を集めている。

さらに、「インスタグラムの撮影ポイントベスト5」などをホテルに掲示して、インスタグラムの投稿をしやすい環境をつくっている。

ツイッターでも頻繁につぶやいています。

夏用の制服に変わったことをスタッフの写真入りでつぶやいたり、108本の真っ赤な薔薇を使ってプロポーズのお手伝いをしたことを画像入りでツイートしたり、動画をリンクしたり、「彼氏必見！　プロポーズに最適！　夜景が決め手♪　憧れのレストラン・福岡8選」などのまとめサイトをツイートしたり、面白いつぶやきがたくさんあります。

さらに、ウエディング部門の支配人である山下直さんが、毎日のように「個」を出してブログを書いている。

結婚式場のスタッフの日常や業界のこと。

料理のこだわり。

素晴らしいロケーションのこと。

料理長の日下部誠さんもフェイスブックで毎日、料理のこと、お客さまとの画像、生産農家さんとのツーショットなどなど、シェフの視点で投稿しています。

結果、口コミサイトで、福岡のホテル結婚式場お料理評価1位に選ばれるほどになった。

ほかにも紹介しきれないいくらいたくさんあるのですが、ともかくスタッフみんなが、楽しみながらさまざまなSNSやブログで発信している。

トータルとして「ホテルマリノアリゾート福岡」の価値を高めているわけです。

SNSやブログなどを使って、結婚式を考えているお客さまが関心のあることを伝えていく。

その発信を毎日のように見ているうちに、どんどん「ホテルマリノアリゾート福岡」が身近な存在に成長していく。

これは他社と比較されたときに、とっても優位な立場からスタートできるということ。

ウエディング業界に革命をもたらすようなSNS活用です。

3 黄ばんだ衣類が真っ白に！あなたの「当たり前」には輝く宝がある

エクスマ塾の塾生で、大阪で「クリーニングBe」というクリーニング店を経営している壁下陽一さんのブログを読んで感心したことがあります。

白い衣類って長くタンスに入れていたり、クローゼットに掛けていると黄ばんできますよね。そして、どんなに洗っても、なかなか黄ばみが落ちない。

結局、お気に入りのシャツだったのに、捨ててしまう。

実はこれ、黄ばみを落として、もとに戻す方法があるんです。

市販の漂白剤を使うのですが、そのときのお湯の温度が重要なんだそうです。

60度くらいの熱いお湯をバケツに入れて、その中に洗剤と漂白剤を溶かしてシャツやブラウスを30分以上浸ける。

その後、浸けおき液ごと洗濯機に入れて他の洗濯物と一緒に洗う。

そうすると多くの場合、黄ばんだ衣類も、また白色に戻る。

へ〜、知らなかった。

壁下さんのブログは、クリーニングのプロが教えてくれる、家庭で応用できるさまざまなノウハウが書いてあります。

プロにとっては当たり前のことなんでしょう。

でも、専門家である洗濯のプロからしたら「当たり前」でも、一般にはあまり知られていない価値のある知識が多いのです。

壁下さんのブログは、「シミ抜き」「洗剤の使い方」「毛玉の取り方」など家庭で役立つプロの知識が紹介されています。

他ではなかなか得る機会がない知識だからこそ、読んでいる人にとっては価値があるものになります。

「こんな当たり前なことを発信して、面白いのかなぁ」と考えるのではなく、ともかく発信してみましょう。

自分の「当たり前」の中には、読んでくれている人に喜ばれる価値のある情報がたくさんあるはず。

仕事で自分の専門分野を持っている人だったら、どんな業態でもいえることです。

価値のある情報を日々発信していくことで、共感してもらい、そこに「信頼」が生まれます。信頼が生まれると、「関係性」が構築されていきます。

結局のところ、SNSというのは、この関係性を築いていくための、地道な「過程」なのです。

そして、気がついたら、結果が出ているということになる。

「つながりの経済」の時代のビジネスは、「結果」より「過程」が大事。

「儲ける」のではなく、結果的に「儲かる」ってことです。

4

観光ホテルの売店でリンゴがバカ売れした理由

北海道の観光ホテルチェーン「鶴雅グループ」はボクのコンサルティング先です。10年近くコンサルをしているので、ホテルの中にも「エクスマ的」な人たちがたくさんいます。みんなで楽しんで仕事をして成果をあげています。

世の中はシンプルに考えたほうが、楽しく成功する。

こう実感した事例を紹介しますね。「あかん遊久の里　鶴雅」の売店の話です。

最近、台湾や中国などアジア圏からのインバウンドのお客さまが多くなってきている。

そこで売店担当の秋本武洋部長は、シンプルに考えた。

売店のＰＯＰを中国語にしよう。

そして、さまざまな商品に中国語のＰＯＰをつけました。

結果は……想像の通りです。

たとえば、ボクが子供の頃からある阿寒湖みやげの定番「まりもようかん」。

海外の人たちには、「白い恋人」や「ロイズチョコレート」は有名です。


でも、「まりもようかん」はまったく無名。


だから、売店でもまったく売れなかった。

それが中国語のPOPをつけただけで、飛ぶように売れるようになったのです。

結果的にPOPをつけた月には、単月売上で過去最高を記録。

その後も順調に売上は伸びています。

中国の人に伝えたいから、中国語のPOPにしよう。ただ単純にそうしただけです。


「台湾ではリンゴが高くて貴重品。日本で安い値段でリンゴが食べられてうれしい」

台湾から来たスタッフが、ある日こう話した。

だったら、リンゴを売店で売ってみよう。

ただ単純にリンゴを売っただけ。そうしたら、大人気になった。

リンゴを買ったお客さんが、宿泊した部屋で食べたりしている。

[図2-1]

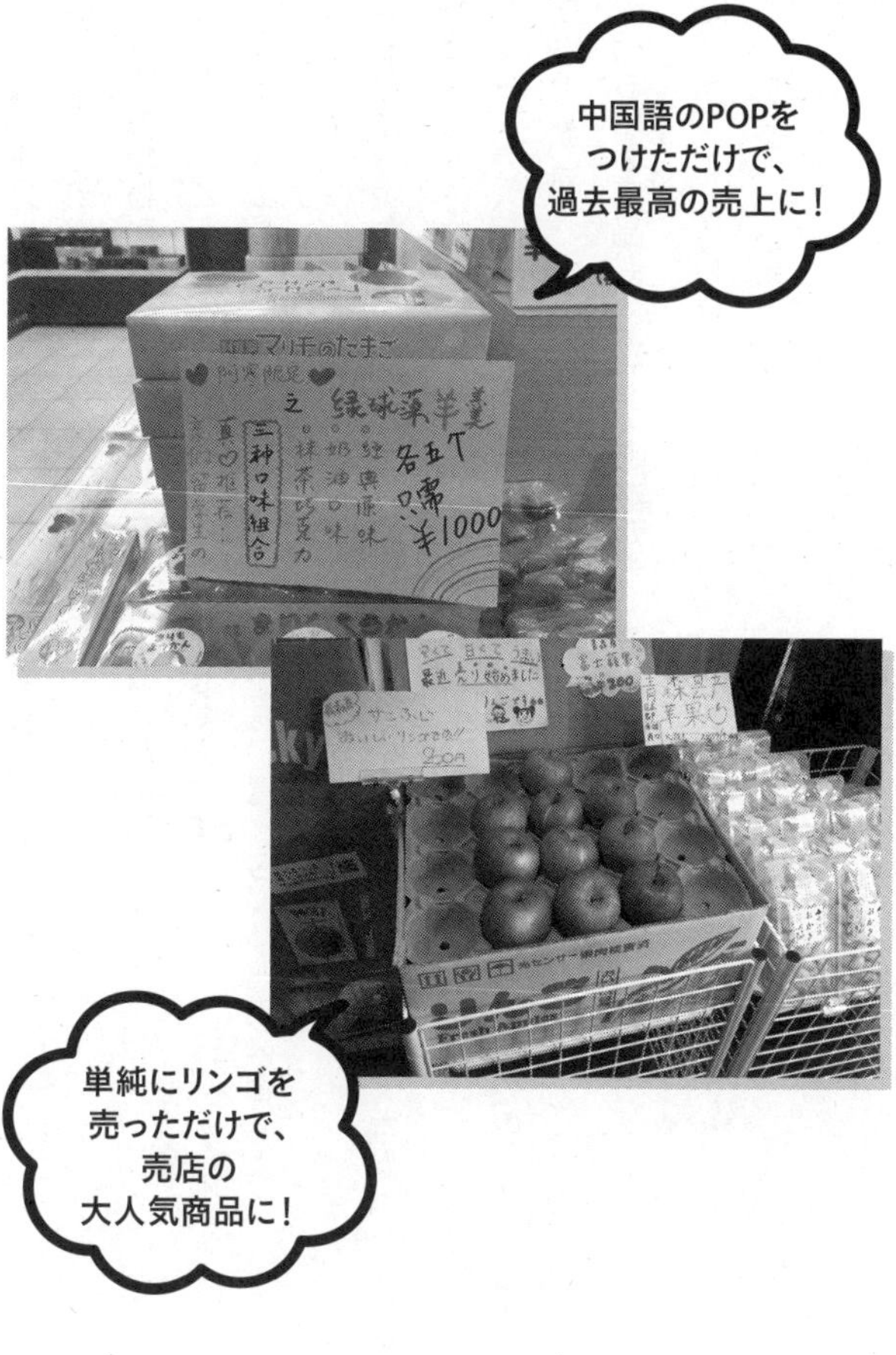
中国語のPOPを
つけただけで、
過去最高の売上に！
単純にリンゴを
売っただけで、
売店の
大人気商品に！

ふたつの事例とも、単純に考えて素早く行動しただけです。

小難しく考え出したら、行動できません。

買う理由がわからないから、お客さまは買わないのです。

だったら、こう発信してニーズに気づかせてあげましょう。

「この商品はこんなに素敵なものです。だから、買うといいと思いますよ」

商品だけじゃなく、あなた自身も「私はここにいますよ」って伝えなかったら存在しないのと同じ。

たくさんの人がいて、その中から選んでもらうためには、個性的な発信をしなきゃ選ばれないってことです。

会社も店も商品も、そしてあなたも、発信することが大事です。

5 墓石にPOPがついていてもいいじゃないか！

一般的に価格の相場がわからない商品は、なかなか売るのが難しいものです。

たとえば建築。リフォーム工事なんて、同じ10坪の部屋をリフォームする場合でも、素材や設備でものすごく見積もりに差があります。

たとえば冠婚葬祭。結婚式やお葬式も、内容によって価格が大きくちがいます。

さらに、普段は買わないものも相場がわからない場合が多いですよね。

たとえば、墓石。

墓石の価格って、よくわからない。

石の素材によってもちがうだろうし、設置する場所の条件でもちがう。

だから、石材店の言い値で買うしかない。そんな業界です。

「全優石」という墓石業界の団体があります。

「全国優良石材店の会」というのが正式名称。

読んで名前のごとく、全国の優良な石材店が300社ほど集まっています。

普段なじみのないお墓や墓石に詳しい消費者は少ないですよね。

そんな消費者をだますような、心ない石材店の対応により、一時、トラブルや業界へのクレームが多くなったことがありました。

消費者が一生に一度のお墓づくりの際に「安心して頼める店づくり」を目的に、1983年に組織されたのが全優石です。信頼できる優良な会社しか入れない会。

ボクはこの「全優石」の研修を数年やっていました。

加入している石材店の販促物やSNSの勉強会を担当していたのです。

お墓を買うときには、どういう流れで、工事にどれくらい時間がかかるか。

目安としてどれくらいの予算が必要なのか。

チラシにそういうことをわかりやすく載せて、業界の不透明なところを明確にする会社。

墓石の見本にＰＯＰをつけて、価格を明確にする会社など、たくさん成果が出てきた。

たとえば、お墓のデザインってたくさんあります。
伝統的な「和」のイメージのお墓。洋風デザインのお墓。
買う人は、どれを選んでいいかわかりません。そこでＰＯＰをつけてみました。

＊＊＊

代表的な和型。しかも定番
・糠目《ぬかめ》の石が個性的
・格調高く飽きのこないデザイン
・汚れにくい横置き香炉
・天水受けがコップなのでお手入れ簡単

＊＊＊

＊＊＊

洋墓人気ナンバーワン。人気のヒミツ
その１　文字に凝れる

その2　カーブの線がやさしい
その3　深みのある色合い
イタリアの大聖堂をモチーフにデザインされています

＊＊＊

こんな風に、それぞれの墓石の特徴をお客さまにわかりやすくすることで、売上があがりました。人は情報が少なかったら、それを欲しいとは思わないのです。


お墓やお墓参りの啓蒙活動をすることも「全優石」の活動のひとつになっています。

お墓参りの重要性。

お墓の存在意義。

ご先祖さまと自分がつながっており、命というものはつながっていること。

こんなことを講演会や書籍やホームページで啓蒙しています。

ボクも、全優石の研修をやっているうちに、お墓にまつわるさまざまな話を知ることになりました。

そして、お墓に対する概念が変わっていった。
もっと簡単にいうと、お墓が欲しくなってきたってこと。

これはすごいことです。

お客さまにはニーズはないんです。

まったく興味がなかったことでも情報を届けることで、欲しくなる。
情報は多ければ多いほど、興味を持ち、もっと知りたいと思い、そこに共感が生まれ、手に入れたいと思うのです。

あなたの商品、サービスも一緒です。
お客さまは最初はまったく興味がないかもしれない。
では、それに興味を持たせるためにはどうしたらいいか。
そこで必要なのが情報です。
繁盛のためには、情報発信がとっても重要になります。

6 エクスマを導入して、偏差値も入学者数もアップした高校！

福井県福井市に啓新高等学校という歴史のある学校があります。

ここの理事長であり校長の荻原昭人さんがエクスマ塾に参加しました。

そして、生徒募集の販促物や学校案内をエクスマ的に変えて、大きな成果が出ました。

啓新高等学校では、学校説明会のイベントで中学3年生を集めることが、翌年の新入生の数に直結していきます。

学校運営的には、死活問題になるくらい大切なイベントです。

募集イベントは、基本的に8月、10月、11月、12月、1月の年間5回行います。

イベントの集客にチラシを作成して、県内の中学生に配布。

イベント終了後に参加者へ葉書か手紙でフォローします。

このイベントのチラシがよくできています。

学校説明会に生徒を集めるための販促チラシではありません。

「物事を『情報』に変える」という視点でつくられているのです。

中学3年生が、その時期、どういう悩みや迷いを持っているかを考え、彼らに役立つ情報をたくさん入れるというコンセプトです。

たとえば12月のチラシのキャッチコピーとメッセージは次のようなものです。

まだ進学先に迷っている中学3年生のみなさんへ

自分の進学先は悩みますよね
なぜ高校に行くのか。何のために行くのか。将来どうしたいのか
それらのことを真剣に考え、自分自身と向き合う
親のため、先生が言うから。それは違います
誰の人生でしょう
今悩むことはいいことです。悩むことから逃げず自分自身と対話してください
必ず答えが出てくる

そしてチラシの下部に次の情報を掲載して、学校説明会の案内につなげていきます。

後悔しないために進学先を決める3つのポイント
①将来につながっているか?
②自分の学力に合っているか?
③実際に体験したか?

このチラシの内容は時期によって毎回ちがいます。
中学3年生は時期によって状況が大きく変わる。当然、求めている情報もちがいます。
1月の学校説明会のチラシのキャッチコピーは次のものです。

私立か県立か最後まで迷っている中学3年生のみなさんへ
誰だってこの時期は不安になり悩むもの
今の自分でいいじゃないですか。今の自分を受け入れよう

あなたの人生はまだまだこれからです。自分の可能性を信じましょう

進学先を最終的に決めるために役立つ3つのアドバイス
①夢や目標に近づける場所かどうかを見る
②安心して学校生活が送れる場所かどうかを見る
③自分で実際に確かめてみる

そして、1月に実施する学校説明会に誘導しているのです。

こういうエクスマ的なチラシに変えてから、学校説明会に参加する中学3年生が格段に増えたそうです。荻原さんが募集イベント参加者数（延べ人数）を教えてくれました。

年度	総数	（生徒数・保護者数）	
平成25年	1576名	（1210名・366名）	※秋からチラシ作成にエクスマを導入
平成26年	1687名	（1284名・403名）	
平成27年	1961名	（1466名・495名）	

[図2-2]

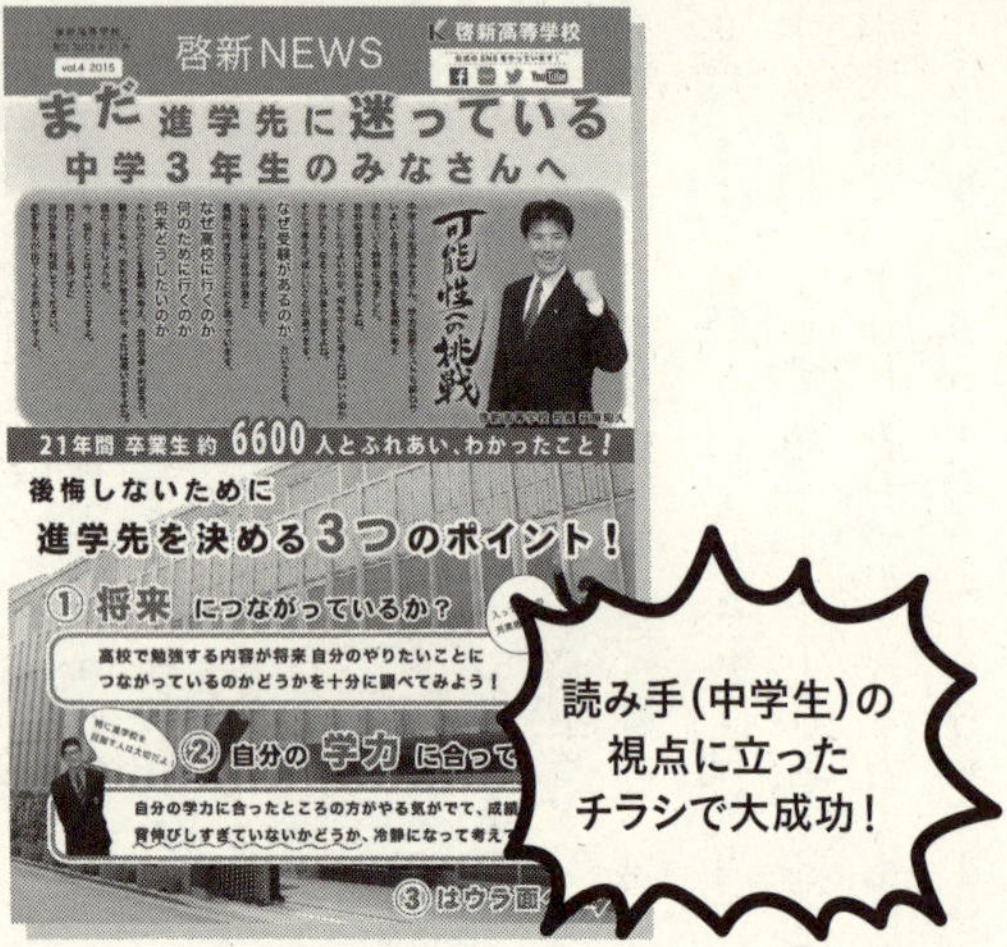

学校説明会というイベントではなく、悩みや不安を解消する場として提供している。

視点が逆なのに気づきましたよね。「学校説明会に来て！」というのは「学校側」の都合です。

一方、「受験を控えた中学3年生の不安や悩みを解決するイベントですよ」というのは相手側の視点に立つこと。だから反応もよくなるし、入学する学生数も上昇。偏差値だって高まっていくのです。

販促物でも、ブログでも、SNSの発信でも、「物事を『情報』に変える」という視点がとても大事になってきます。

7 有事の対応で信頼を増した「カメラのキタムラ」

山形県米沢市の小野川温泉にある「鈴の宿　登府屋《とうふや》旅館」の経営者、遠藤直人さんはエクスマ塾の塾生です。彼がフェイスブックで、カメラのキタムラのＳＮＳ担当（当時）・青木直也さんと会話していました。２０１６年４月に発生した熊本地震のあとです。

ふたりの会話を見ていて気づいたんです。

資本主義の経済では大企業のほうが有利だったけれど、つながりの経済になってＳＮＳが普及すると、個人や小さい企業のほうが力が出しやすいんだってこと。

それに気づかせてくれた遠藤さんと青木さんの会話を抜粋して紹介します。

まず、遠藤さんがフェイスブックで自分のブログをリンクして投稿しました。

もしかして…災害だからって…会社でＳＮＳを禁止にしたりしてませんよね？

発信はもちろん、いいねもシェアも禁止って…。ワケを聞いて、愕然としました。

そして、SNSが大企業に向かない理由がわかりました。
大企業にもできることあるのになぁ…。

以下がその投稿についた青木さんと遠藤さんのやりとりです。

青木直也
良く分かります（笑）慎重になりますが、スピードとセンスが必要ですね。
この立場でしか出来ないことも確実にありますからね♪

遠藤直人
あ！　両立している方が！　青木さんは、稀有な存在ですよね。

青木直也
最初の地震の後にすぐツイートしましたね、今回は。
安全を第一に、とツイートして、翌日からは店舗の休業情報をツイートしました。

経済を止めてはいけないのは東日本大震災の教訓ですからね。

ウチはある意味インフラでもありますから、営業して役に立てることもあるので、被災した店舗と状況なども考えて情報を出すことを心掛けました。

責任を持たせてくれる会社にも感謝しております。

遠藤直人

保身とは、まったく考え方が違いますね。

さすがです。担当者次第だと改めて思いました。


実は、遠藤さんはリンクした自身のブログにこんな内容のことを書いていたのです。

＊＊＊

災害の際には、通常時よりも「不謹慎」と言われやすくなります。

この「不謹慎」と言われやすい状況で、大企業にありがちな対応があります。

SNS禁止！　カッコよく言えば、自粛です。

とりあえず、災害が落ち着くまではSNS禁止。個人の「いいね！」も禁止する会社まで。ガッカリしました。と同時に、これが大企業の限界なのかもしれないと思いました。

大企業ほど、莫大なお金をかけて企業イメージを作っています。

にもかかわらず、社員個人に発信されてしまうと、

「株式会社○○の社員が不謹慎な投稿をした」と言われてしまいます。

「社員の個人的な投稿ですから…」と釈明しても、傷ついたイメージは直せません。

では、不謹慎と思われる投稿をしないよう社員全員にSNS教育をしたり、

SNSの投稿をチェックできるか？　厳しいでしょう。

せいぜいできたとして、SNS発信チームを作り、選ばれた人間で使うくらい。

しかし、個人が自由に発信や交流ができる本来の「SNSの使われ方」ではありません。

そんなわけで、大企業がSNSに向かない最大の理由。

それは、「情報を統制できないから」です。

企業のイメージをマスメディアで伝え、モノを売る。

スタッフの個性をＳＮＳで伝え、交流し、結果的に商売につながる。

前者は「資本主義」、後者は「つながりの経済」。


「つながりの経済」では、個性が命です。

個性の違いがあるほど、より深い交流を生み、つながりが強まります。

＊＊＊

自粛する大企業が多い中、カメラのキタムラは担当の青木さんに全面的に任せていました。

たとえば、２０１６年4月、熊本地震の発生直後の彼の投稿です。

4月14日の夜、スマホの速報で地震発生を知った青木さん。

この時点では被害状況などはわからない状態でした。

夜だったのですが、熊本のお客さまもいるし、ご家族などにも影響がある可能性があるので報告と現在の気持ちをツイートしました。


熊本を中心とした大きな地震が発生しました。

余震が続いていますので気を付けて行動してくださいね。

安全を第一に行動してくださいませ。大きな被害が無いようにお祈りいたします。　青木

あわせて、現状で役立てることを考えて、ＮＨＫがウェブでも放送を流していることをリツイート。

翌日、出勤後すぐに社内掲示板を見て被害の状況を確認して以下のツイートをしました。

【本日の営業につきまして】
昨日発生した熊本県を中心とする地震の影響により、イオンモール熊本店は本日の営業を休止いたします。
他の店舗でも一部影響がある可能性がございますのでご了承くださいませ。　青木

その後、午前10時前には被害状況が集まってきたので、再度ツイートして報告します。

【4／15熊本県内の営業について】
イオンモール熊本店・イオンモール宇城店は本日休業となります。

くまなん店・麻生田店・長嶺店は店内整理のため営業開始が遅れる予定です。
ご迷惑をおかけいたしますがご了承くださいませ。　青木

その日の深夜に再度大きな地震が発生。その翌日の朝のツイートです。

【地震による休業のお知らせ2】
下記の店舗は4／16の営業を休止させていただきます。
熊本県：田崎店、長嶺店、イオンモール八代店
大分県：別府・上人ヶ浜店
なお明日以降の営業に関しましても変更の可能性がございます。
ご迷惑をおかけいたしますがご了承くださいませ。　青木

この対応について、青木さんは次のように教えてくれました。

＊＊＊

2011年の東日本大震災の際の経験を踏まえて、今回は次のように考えました。

・まず自社の営業情報を報告する

これによって店舗のそばに家族や知人がお住まいの場合には、大まかな被害の状況が伝わると思いました。

電池や保険用の写真など営業を望んでいるお客さまがいることもわかっていました。

実際、水を使用する現像機はなかなか復旧できませんでしたが、セルフプリンターは早い段階で使用できるようにしたそうです。

この後、現地の方に役立つことと被災地域外の方に協力をお願いすることをツイートするように考えました。

・Tポイントによる募金のお願い

・地震保険のために片付け前に写真を撮ること

・エコノミー症候群防止のための対策

そして、経済を止めないことが一番大事だということを東日本大震災の経験でわかっていましたので、それ以外に関しては通常のツイートを行いました。

これらは担当者である自分の判断です。

まず会社が担当である自分に任せてくれたことが大きいと思います。

有事の際にはどうしても慎重な行動を求められますが、情報にはスピードが必要な場合があります。

普段のSNSに対する接し方から身をもって感じていることですので、部署などでの管理に比べ実践的であり、スピーディーであったと思います。

＊＊＊

大企業はSNSを使わないほうがいいのか。

今の時代、マーケティング的には使ったほうがいいことは誰もがわかると思います。

でも炎上やイメージダウンを恐れて、情報がライフラインになる災害時に、発信を禁止するなんてバカげたことをしちゃうんです。

SNS担当者の能力や知識、性格や人柄を見て、任せて安心な人を担当者にして、信頼することです。

業種業態、企業の規模に関係なく、もうSNSのインフラ化は避けて通れない状況。

それをしっかり認識しましょう。

8 情報が溢れる中、選んでもらうために大切な要素とは

出来事を情報に変換する意図を持つことと同時に大事なことがあります。

それは、役立つ情報だけではなく、情報に個性をのせていくことです。

新潟県新潟市に創業が明治34年という老舗の漢方薬局があります。

漢方薬の西山薬局。ここの代表、西條信義さんはエクスマ勉強会の常連です。

西條さんは、梅安先生というニックネームで呼ばれています。

作家・池波正太郎が生み出した時代小説の名作「仕掛人・藤枝梅安」の主人公を彷彿とさせる外見だからです。

西條さんがつくる販促物は、とっても面白い。

「梅安先生の漢方劇場」と題された、手描きの漫画シリーズで、思いっ切り顔が出ていま

［図2-3］

す。さらに奥さんやお子さんまで登場しています。

ユーモアがたっぷり。おまけに手描きだから、目立ちます。

顔を出すことで、信頼や共感が得られやすくなるのです。

このチラシ、反応もいい。

お客さまに語りかけるような顔を出した販促物。

これはチラシだけじゃなく、店頭のブラックボードやニュースレター、そして、もちろんブログやウェブサイト、SNSにもいえることです。

誰が発信したのか、わかるようにすることが大事。

よくチラシやダイレクトメールを見ていると、そこに個人が出ていないことがあります。

会社や店から出しているから、関係性がつくれない。

店よりも、そこの店長から手紙が来たほうが、関係性はつくりやすいでしょう。

だから個人からの発信のほうがいいわけです。

できたら写真や似顔絵を入れて、より親しみやすくしましょう。

役立つ情報の発信だけではなく、情報に個性をのせていくことです。

「個」を出した情報発信は、受け取る側のお客さまが自分の気持ちに置き換えやすいので、共感されやすくなるのです。

つながりで売る！

法則

3

「モノ」を売るな！
「体験」を売れ！

1 お客さまがあなたの商品を買う意味はどこにある？

商品がよければ売れるかというと、そうではありません。
どんなにこだわった商品でも、それだけでは売れない。
別にあなたの商品じゃなくても、他の商品だって「いい商品」だから。
もちろん、商品の質を上げるのは大切なことです。
でも、スペックだけでは売れないのです。
そうじゃなくて、「お客さまがその商品を買う意味は何か」を考えることです。
ボクは、観光ホテルや温泉ホテルの仕事を多くしています。
いいホテルは特に、どうしても、サービスとか料理のよさ、部屋のよさで売ろうとしてしまう。

確かにそうしたホテルは、料理も素晴らしいし、部屋もいい、温泉もいい。

だから、それから発想してしまうんです。

「旬の素材を使った自慢の料理です」とか、「源泉かけ流しの露天風呂がついてます」とか、そういうことばかり発信してしまいます。

だけど、そんなことに頼っていると、「別におたくじゃなくてもいいから」という話になっちゃう。

勘違いしているところが多い。

モノからではなく、それを買う意味から発想しなければいけないわけです。

「モノ」を売るのではなく、「体験」を売るという視点を持ちましょう。

これは視点（物事の見方・考え方）を変えることですから、誰でもカンタンにできるし、明日からでもすぐにできます。

でも、やるとやらないとでは、その後の結果が大きくちがってきます。

人々はあなたの商品は欲しくない。
「××」したいだけなのだ。
それによって、「○○」な生活や人生を手に入れたいと思っている。

これを忘れないようにしましょう。
この方程式にあなたの商品や会社を当てはめて考えること。
たとえば、自動車のタイヤメーカー「ミシュラン」だったらこうです。

人々はタイヤなんて欲しくない。
安全な車に乗りたいだけなのだ。
それによって「車で移動できる素晴らしい人生」を手に入れたいと思っている。

そうするとタイヤだけじゃなく、レストランガイドも商品になるということ。

車で旅行するときに、知らない国、知らない街に行って、どこで食事をしたらいいかわからないから、ミシュランがガイドブックをつくっているのです。

「つながりの経済」の時代は、「関係性」がとても重要になってきます。

これは、つまり、見ず知らずの人に仕事は頼まないし、見ず知らずの人からモノを買わない時代になっていく、ということです。

関係性というのは商品ではつくりにくいものです。

モノから関係性は生まれない。

コトから生まれる。

だって、関係性とはコトなのですから。

「モノ」ではなく「体験」を売るエクスペリエンス・マーケティング（エクスマ）がますます重要になってきます。

2 品揃えと価格だけがウリの店はネットショップにお客を奪われる！

繁盛するためには、店舗も、「モノではなく体験」という視点が大事です。行くだけで面白いとか、癒やされるとか、空間が豪華とか、問題が解決するとか、楽しい店員さんがいるとか……。

そう、商品以外の価値です。

モノはどこで買っても同じかもしれない。
でも、店はやりようによっては、独自の個性を持つことができます。
モノではなく、「コト」を売る。

品揃えや価格だけが価値の店は、近い将来ネットショップに淘汰されるでしょう。
ネットショップに負けない店舗。

それはデジタルではできないことをすることです。

リアル店舗は空間があるということで、ネットショップが提供できない価値がありま
す。

たとえば「接客」。

「接客」もお客さまの素晴らしい「コト」になるのです。

インターネットが発達して、なんでもデジタルでモノが買える時代に、人と人とのふれあいは大きな価値になるからです。

でも、今までの接客とは、ちょっと考え方がちがいます。

大事なのは、売り込まないこと。

お客さまをお友達だと思うことです。

佐賀県にあるお庭と外構の専門店「グランド工房佐賀店」は楽しい店づくりで成功しています。

エリアマネージャーの脇阪圭さんが、ボクのセミナーなどで勉強し、お客さまもスタッ

フも楽しくなる店にしようと、さまざまなことを実施している。

いたるところにＰＯＰが貼られていて、それが楽しい雰囲気をつくり出しています。

人工芝を展示しているコーナーには、スタッフの顔写真と共にこんなＰＯＰが。

「人工芝のリアル感を触ってお試しください　気持ちいい〜」

庭に続く扉（商品）の展示には、実際に体験できるようにこんなＰＯＰがあります。

「ご自由に扉を開け閉めしてみて下さい。簡単ですよ♪」

脇阪さんが自ら、庭でバーベキューをやったりピザを焼く楽しさ、お庭にキッチンがある生活がどれだけ豊かなものかということをＰＯＰで発信しています。

あるいは、目かくしフェンスがあるとお庭でリラックスできるし、カーテンを開けて生活できます、などと庭のある素敵なライフスタイルを提案しています。

まさに体験型店舗。

お客さまは店内を回っているだけで、楽しい時間を過ごせます。

さらに、「庭がある生活っていいな」とか「あ！　こうしたら今の庭がもっとステキな場所になるな」とか、お客さまが自然に気づいていくようになっているのです。

[図3-1]

店員さんも、それぞれ個性的なタスキをかけていたりする。

タスキには、「何でも聞いてください　脇阪」とか「お庭のスーパーアドバイザー」など、お客さまが店員さんの特徴をひと目でわかるようになっています。

これだと、声をかけやすくなりますよね。

実際にお客さまとスタッフの仲がいい。

店内には「笑顔が集まるお店です」と書かれたコルクボードがあって、お客さまの笑顔の写真がたくさん貼ってあります。

これを見ると、お客さまに愛されているいいお店なんだなって伝わるんですね。

「グランド工房佐賀店」の店内には、こういう言葉が掲げてあります。

＊＊＊

お庭には人を幸せにする力がある。

私たちはそう信じています。

当店はお客さまに、お庭での楽しい思い出、体験を販売しています。

＊＊＊

こういう店舗なら、ネットショップに負けません。

楽しい店づくりをしてから、売上はほぼ2倍になったそうです。

あなたの店もネットショップに負けないように、「コト化店舗」をつくり出してお客さまとつながりましょう。

3 安売りが当たり前。そんな業界で利益率を2倍にした印鑑店

愛知県岡崎市の「一心堂印房」という印鑑店の社長、神道邦男さんはエクスマ塾の塾生です。岡崎市を中心に10店舗を展開し、インターネットでの店舗も運営している。

この印鑑店、業界の常識に縛られない、本当に面白いことをやる会社です。

インターネット店舗で成功をおさめた事例を紹介しましょう。

ボクは講演でもセミナーでもよくこういっています。

「お客さまを選びましょう」

あなたの発信に共感してくれたお客さまだけを相手にするという姿勢。

お客さまを明確にすると、安売りの不毛な競争から抜け出すことが可能になります。

インターネット店舗というのは、どうしても安売りになりがちです。ネットの世界では、カンタンに価格比較ができますからね。

かつて一心堂印房のインターネット店舗も安売りしていました。するとどういうことが起こるかというと、実店舗で販売する商品と、インターネットで販売する商品の価格に差が出てきた。

同じ商品なのに、インターネットで買うと安いわけです。

そのうち、インターネットの世界で、印鑑がドンドン安売り競争になっていきました。一心堂印房でも、一時期は、インターネット店舗で買うと、実店舗の半額近くで買えるようになってしまった。

これじゃ、不公平になる。

そう思った神道さんは、インターネット店舗の商品を値上げして、実店舗と同じ価格にしたのです。

「価格で印鑑を選ぶお客は、ウチのお客ではない」

まさにお客さまを選んだ。

一心堂印房のネットショップのページは見事なストーリーが展開していきます。

＊＊＊

印鑑をどう選びます？


こんにちは。ウェブマスターの橋本と申します！

この度は一心堂インターネットショップに訪問くださいましてありがとうございます。

さて、あなたが印鑑屋のホームページにアクセスしているということは、「あなた」もしくは「あなたの大切なひと」が人生の大切な日を迎えられるということではないでしょうか？

印鑑は、結婚、誕生、卒業、就職、成人、お家の購入など様々な節目で必要になるものですよね。

そのとっても大切な日に使用する印鑑を値段だけで選ぶのであれば、これ以上読んでいただく必要はありません。

下の検索ボタンを押せば、安い印鑑がたくさん見つかると思います。

ここまでお付き合いくださいまして、どうもありがとうございました。

あれ……？
まだ読んでいただけています？
ありがとうございます！
それでは続けさせていただきますね♪

印鑑は「人生の大切な場面」で使用します。
本人の意思を書面に残す、とっても大切なものなんです。（中略）
古くなったからといって、印鑑を買い換える人はほとんどいません。
だからこそ、購入の際にしっかりと検討するべきだと思うのです。
このホームページでは、家族や友人が印鑑を作る際、私はどう説明しどう勧めるのか、
そういった観点から商品の説明をしています。
ちょっと押し付けがましいと感じられるかもしれませんが、一生に一回のお買い物だと
考えて本気＆本音でお伝えしています。

それから、とっても大切なことなんですが、一心堂の職人は心を込めて印鑑を彫り上げます。

でも、「心を込める」とはどういうことなんでしょう？

想像してみてください。あなたが大切な人のために料理をするとします。

喜んでもらおうと、相手の顔を思い浮かべながら作るのではないでしょうか？

そうすると、自然に心がこもるんです。

それに対して、誰が食べるのか分からない食事を作るとしたらどうでしょう？

心を込めることって意外に難しいと思いませんか？

当ウェブサイトの注文フォームには、「どなたがどんな大切な日を迎えようとしているか」を記入する欄があります。

職人はあなた（あなたの大切なひと）を思い浮かべながら、その大切な日を思いつつ、印鑑に魂を吹き込みます。

たとえお互いに顔が見えなくても、本当に心のこもった仕事をしたいという強い思いがあります。

「印鑑を通じて、あなたの大切な日のお手伝いをさせて頂くこと」

それが私たちの仕事です。

****

この展開をしてから、注文数は減ったそうですが、売上は同じくらい。

でも、利益は圧倒的になった。

その後、発注数が徐々に戻り、1年も経たないうちに安売りしていたときよりも多くの注文が入るようになった。

安売りから抜け出したんです。

さらに、ウェブマスターの橋本さんが笑顔でこう語ってくれました。

「お客さまが、どういう動機で印鑑を買おうと思っているのかを、熱く書いてくれるようになったんです。なかには、写真を添付してくれるお客さまもいて、それがとてもうれしいんです」

一見、お客さまの顔が見えないインターネットショップでも、お客さまと人間的な関係性、つながりを持てるようになった。

このページを見たニューヨーク在住の日本人のお客さまから注文が来たり、有名な芸能人の事務所から依頼があったり、たくさんのいいお客さまが買ってくれています。

お客さまを選ぶことによって、一心堂印房の印鑑は価値が高まったわけです。

大げさにいうと、「ブランド」になった。

たくさんの顔の見えないお客に買ってもらうより、価値を認めてくれたお客さまに買ってもらう。ブランド構築には、この覚悟が必要です。

お客さまを選ぶと、お客さまからも選ばれるようになる。

「思い」を伝えると、お客さまは素直に返してくれる。

そういうことです。

4 リピーターが増え、客単価が上がり、売上がグーンと伸びたゴルフショップ

「ゴルフパートナー」という会社をご存じですか。

新品と中古のゴルフ用品を販売している会社です。

直営店やフランチャイズの店舗を合わせて、全国300店以上展開しています。

全国展開している店のうち、直営店とフランチャイズ店が半々くらい。

この会社から講演の依頼がありました。

直営店の店長さんやフランチャイズのオーナーさんなどを集めて、エクスマのセミナーや勉強会を数回実施。さらに、ゴルフパートナーが主催の「エクスマ塾」をやりました。

そこで感じたのは、もともと業績のいい店舗はエクスマ的なことを実践しているということ。全国平均より売上があがっていたり、新しい会員が増えていたりする店舗の特徴は、お客さまとの関係性をしっかりとつくり出していることです。

イオンタウン弥富店の事例を紹介しましょう。

愛知県弥富市にあるゴルフパートナーイオンタウン弥富店の店長、石橋勇人さんはボクの講演を聞いて、エクスマを知りました。

そして、自分のやっていることが間違いではなかったと確信します。

石橋さんは、もともと勉強熱心な意識の高い店長でした。開店前にスタッフ全員で勉強会をしたり、ロイヤルカスタマーとの関係性を大切にしている。

エクスマのセミナーを受け、①お客さまとの関係性を築く、②わかりやすく価値を伝える、③モノではなく、体験を売る、の3点をもっと積極的にやっていこうと決意します。

具体的にどんなことをしたのか、見ていきましょう。

①お客さまとの関係性を築く

イオンタウン弥富店では、約70名のロイヤルカスタマーを定期的に電話でフォローしています。でも、売るのが目的ではなく、お客さまのことをよく知るためにやっているのです。

最近の調子はどうか、クラブセッティングの悩みはないか。

そういうことを常に把握していくのです。そして、各々のお客さまに合ったクラブなどが入ったときには、それを伝えるためにまた電話をかけます。

ロイヤルカスタマーは、スタッフと仲良くなっている。関係性を築いているのです。

②わかりやすく価値を伝える

知識のないお客さまでも選びやすいように、店内のあちらこちらに「一言POP」がつけられています。そしてそのPOPで売れたかどうかを日々検証して精度を高めるのです。


「楽に飛ばせるクラブ！――高初速を生み出すハイスピード　方向性も安定しています」

「最軽量――軽いからメチャクチャ振りやすい　まず持つだけでも持ってみてください」

「男前ヘッドで構えやすい――見た目通りのイケメンヘッドでしかも最高の打感！　プロも多数使用している」


こんなPOPが店内に溢れていて、明らかに、全国の平均的な店舗よりもPOPが多い店舗です。

③モノではなく、体験を売る

たとえば、クラブのスペックではなく、このクラブを使うとスコアが出て、さらに楽しくなるということを発信しています。

また、陳列も、ただ単純に商品を並べるのではなく、棚に人工芝を敷き詰め、商品を展示、ラウンド中のイメージを持ってもらうことなどを工夫しています。

シューズはこの売り場になってから、前年比2倍くらいになったそうです。

ゴルフ用品を売っているのではなく、楽しいゴルフがある人生を応援する。

そういうことです。そして、スタッフ全員にこの意識を浸透させているのです。

「常にお客さまに『共感』してもらえる人材に育てることに注力しています」

石橋さんはこう語っています。


売上に占める既存会員比率は全国平均だと53・5％です。一方、イオンタウン弥富店の既存会員比率は72・9％。**圧倒的です。**客単価は全国平均だと1万600円。一方、イオンタウン弥富店は1万3500円。こちらも圧倒的です。

リピーターが増え、客単価が上がり、売上が大きく伸びました。お客さまとの関係性を、しっかりとつくり出している店は強いのです。

5 BtoBの基本は「お客さまの利益に貢献する」ことです

BtoBの営業（法人営業）では「お客さまの利益に貢献する」ことを最初に考えなければいけません。

こう考えてみてください。

あなたはホームセンターの経営者、あるいは商品を仕入れるバイヤーさんだとします。

メーカーさんや問屋さんが何社も営業に来ます。

「ウチの商品はこんなに素晴らしいですから、店に置いてください！」

「今年の新作なんです、ぜひこの商品の棚をつくってください！」

「ともかくウチと取引してください！」

こういう売り込みばかりの営業が多い。

そんな中、ある卸しの会社の営業担当は、自社の商品の売り込みよりも、あなたの店が繁盛することを一緒にやってくれます。

一緒に売れる売り場を考え、場合によってはつくってくれる。

売れるPOPを考えてくれたり、実際につくってくれたりする。

ポスティングするための売れるチラシの原案をつくってくれる。

さらに、あなたの店のお客さま向けに「DIYが楽しくなる情報誌」をつくってくれる。

ほかにも店長のブログのアクセスアップの方法や、ビジネスに有効なSNSの使い方の情報を毎月持ってきてくれます。

そして、その人の考えたりつくったりした販促物で他のメーカーの商品が売れたときも、「よかったですね〜」と喜んでくれます。

さて、あなたはどちらの営業担当とつき合いたいですか？

①いつも売り込みばかりで、自分の商品のことしか考えていない営業担当

②一緒になって売れる方法を考えて協力してくれる。自分のところの商品だけでなく他社の商品が売れるのも手伝ってくれる、業界全体の繁栄を考えている営業担当

答えはカンタンですよね。

ボクのクライアントであり、経営者、そして幹部社員にエクスマ塾生が多い和気産業は、ホームセンターへ卸す商品を扱っている商社です。

大阪府東大阪市に本社があって、オリジナル商品を開発するメーカーでもあります。

この会社、新しい売り場を企画して店舗に提案したり、POPの提案をしたり、提案だけでなくバイヤーさんと一緒に、売り場をつくったりもしている。

「モノ」を売っているのではなく、ホームセンター業界に「コト」を提供しているのです。

また、毎月DIYをより楽しくする「いいものマガジン」という情報誌もつくっています。

「南京錠の構造」やいろんな種類の「棚」のつくり方、「有孔ボードの意外な使い方」など、ちょっとマニアックな、でもDIYをやっている人には、面白い情報が載っています。

自社の利益だけではなく、ホームセンター業界全体の繁栄を見据えている。

まさに、「お客さまの利益への貢献」を実践する会社です。

もちろん、お客さまに支持され、繁盛を続けています。

6 菓子店の交流の場をつくり、繁栄のお手伝いをする製缶会社

お客さまの利益に貢献することを第一に考えて、実際にＢ ｔｏ Ｂで成果を出している事例をもうひとつ紹介しましょう。

大阪製罐株式会社という70年近く洋菓子の缶をつくり続けている会社があります。年商は14億円。

ここの社長、清水雄一郎さんはエクスマ塾の塾生。まだ若い、３代目の社長です。

ボクの塾に来て、自分が好きなことを発信していいんだと知った清水さんは、洋菓子店向けのニュースレターに載せるキャラクターを考案しました。

ヒーローキャラクター「カンカンマン」。

実は、清水さんは戦隊ヒーローが大好き。

どうしても会社でマスコットヒーローを持ちたかった。

そこで、自腹で20万円を投じてヒーローをつくったんです。

そして、自らカンカンマンに扮して、フェイスブックに投稿したり、洋菓子店を訪問したり、結婚式やイベントに登場して、話題になっていきます。


清水さん、最初はこんなふざけたことをやったら怒られるかもって思っていたそうです。

でも、やってみると反応がちがっていた。


会社の仲間やお客さまと交流していると、たくさんの人が笑ってくれました。

カンカンマンをやっているうちに「仕事って楽しんでいいんだ！」と体感したのです。

それ以降、楽しみながら仕事に取り組めるようになっていきます。


そして、２０１１年から「お菓子缶ヒーロー・カンカンマン」のブログを3年間毎日更新し続けました。

ブログを続けたことで、思わぬ効果もありました。

ある日、清水さんのブログ記事を読んだＮＨＫ－ＢＳプレミアムの番組「美の壺」から番組制作に協力依頼があったのです。

「大阪製罐がつくったお菓子の缶を使ってくれた洋菓子店のオーナーが、缶からインスピレーションを受けて新しいお菓子をつくった」ことを書いたブログ記事を見たといいます。

残念ながら、工場が超繁忙期だったため、大阪製罐は取材を断りました。

でも、ブログ記事に書いた洋菓子店が取材されることになり、放送終了後に缶に入ったお菓子がバカ売れしたのです。

なんと1200円のお菓子が2カ月で1000個以上!

会社そのものは番組には登場していません。

しかし、結果として、清水さんが書いたブログ記事で、お客さまの売上アップに貢献したわけです。

こんな風に、B to Bのお客さまのお手伝いをしている清水さんですが、最初からそうできていたわけではありません。

エクスマと出合う前の2008年、清水さんは、飛び込み営業に行った洋菓子店のオーナーにこういわれます。

「おたくの缶は好きだけど、ロットが大きすぎて購入できないよ」

通常、オリジナルの缶を製造するための最低ロットは3000缶。

小さな洋菓子店で3000缶というのはすごくハードルが高い個数です。

そのオーナーのお役に立てなかったことが悔しくて、清水さんの試行錯誤が始まります。


エクスマ塾に来た清水さんがまず気づいたのは、ボクがよくいっている「BtoBのビジネスはお客さまの繁栄をお手伝いすること」ということ。

そこで、さまざまな工夫やこれまでに培ってきたノウハウを、小さな洋菓子店のために使うことを決意。

2011年、街の洋菓子店向けに100缶という小ロットで購入してもらえるデザイン缶を販売し始めます。

企画や試作の費用、缶の在庫リスクは大阪製罐が負う形です。

たったひとりの洋菓子店オーナーに、喜んでもらいたくてつくったお菓子の缶。

それが、他の洋菓子店の心に響いて、結果、販売2カ月で140万円分の缶が売れまし

［図3-2］

小ロットで
かわいい缶を提供し、
洋菓子店の販促を
サポート！
Petit cadeau

た。

清水さんは、これで自分たちの企画製造するデザイン缶が洋菓子店の役に立てることを確信します。

デザイン缶の種類を増やし、カタログもつくった。「お菓子のミカタ」という屋号もつけて、新事業として正式に立ち上げたのです。

事業のコンセプトは、アートなオリジナル缶の販売と洋菓子店の繁盛のお手伝い。

洋菓子店が繁盛するために、ＰＯＰやラッピング事例、販促物やＳＮＳ活用事例など、店舗運営に役立つ情報をニュースレターやＳＮＳで発信していきます。

缶は紙箱とちがい、30年、40年と残ります。

それが美しい、あるいは可愛い缶だったら、缶を見るたびに、そのお菓子を買った洋菓子店のことを思い出してもらえる。

洋菓子店とその店のお客さまの絆になる。

清水さんはそんなことを洋菓子店に伝えたいと思いました。

最初はお客さまがいなかったので、洋菓子店のリスト3800件にDMを発送しました。

もちろんDMは、売り込みにならないことを意識して作成します。

初回発送時は200件のサンプル依頼があり、そこから40件が成約。

以降、清水さんは、興味を持ってくれた洋菓子店にニュースレターを送り続けます。

「やり続けることで伝わることがある」

そう確信し、年間5通のニュースレターを2年間送り続けました。

結果、初年度300万円、2年目850万円、3年目には軽く1000万円を超える売上になっていきます。

ニュースレターを送り続けることで、清水さんや会社のスタッフを応援してくれる仲良しの洋菓子店のお客さまが少しずつ増えてきました。

2年間で199件です。

そんな人たちとSNSでもつながり、日々交流する。

すると、お互いの仕事にかける想いや好きな物事を知るようになり、相手のことを好きになって応援したくなる。

そんな存在の人が徐々に増えたのです。

清水さんが発信を続けていくことで、会ったことはないけれど、フェイスブックでつながる洋菓子店も増えていきます。

そのひとりが、北海道・倶知安町のお菓子屋さんの藤井千晶さん。

「お菓子のふじいのお菓子なちあき（現・ふじ井の藤井千晶）」というブログを書いています。

清水さんは、せっかくフェイスブックでつながったので、藤井さんにニュースレターを送ってみました。友達に手紙を送るような感じで、手書きのメッセージを添えて送ったんです。

藤井さん、実は、それまでお菓子の缶にはあまり興味はなかった。

でも、清水さんとSNSでつながり、交流したり、定期的にニュースレターが届くようになったりで関係性が深まり、清水さんの仕事にも興味を持つようになった。

結果、バレンタイン用の商品パッケージとして缶を購入してくれました。清水さんの缶を使ってみたくて、わざわざ缶に合うお菓子をつくって使ってくれたのです。

商品には興味がなかった人が、経営者とつながってその人に興味を持つ。

そして、その会社のモノやサービスの購入につながる。

人に興味を持つから、仕事やサービスに興味を持ってもらえる。

これが、「つながりの経済」なのです。

SNSでつながって日々コミュニケーションをとっているお客さま（洋菓子店のオーナー）にもっと喜んでもらいたい。

こう考えて、次に、清水さんは工場見学を兼ねた交流の場をつくりました。

3店舗の洋菓子店で働く計6人の人に声をかけて、工場見学→洋菓子店オーナー座談会→懇親会をしたのです。

そこで交流したお客さまとはさらに関係性が深まった。

単に商品を購入してくれるだけではなく、洋菓子店の実情など知らないことを教えてくれたり、清水さんの会社を応援してくれる存在になっています。

この場を通して、刺激を与え合い、応援し合える、お客さまとの強い絆が生まれました。

現在、清水さんは、ブログ、SNS、ニュースレター、工場見学会など、お客さまとの接点をたくさん持っています。

交流し続けることで、交流する場を提供することで、楽しんでもらっているのです。

清水さんの想いに賛同や応援をしてくれるお客さまのコミュニティができています。

その場では、お客さま同士にも関係性が生まれました。

コミュニティに入って、月に10記事しかブログを書かなかった人が毎日更新し出したり、フェイスブックの投稿が面白くなって更新頻度が上がったり。

その結果、それぞれの洋菓子店が繁盛し始めています。

お客さまが楽しんで仕事をして、売上があがって喜んでくれることが、清水さんや会社のスタッフにとってはとてもうれしいことです。

結果的に会社の売上もあがるのですから。

そして、そういうコミュニティの中での活動が、ＳＮＳで目の当たりにできることは、大きな喜びと力になります。


清水さんがつくり出したコミュニティは、主催者が参加者をコントロールする場ではなく、互いに元気や勇気や刺激を与え合って、互いのビジネスをよい方向に向かわせる場になっています。

「自分だけ楽しいより、みんなも楽しい」

そういうことです。

現代のコミュニティは、誰かが誰かをコントロールする場ではないのです。

7 誰もができることを、誰もできないくらい続ける

関係性って今の時代に商売をするために、とても大事なことです。

関係性をつくり出すのは手間がかかります。

だから、すごい価値なんです。


会社って基本的に手間のかかることを嫌いますよね。

なるべく効率化を目指したりする。

でも、関係性をつくるには、効率化を目指すのではなくて、誰でもできるけれど誰もやりたがらないことをコツコツやることが大事です。


ブログやSNSで毎日、お客さまの知りたい情報を発信する。

毎月、関係性の深いニュースレターを発行する。

季節ごとにお手紙を書く。

誰もができることを、誰もができないくらいやると、それは価値になります。
それがすごく重要なんです。
とても地味なことですが、それが真理だと思う。
お客さまに向けて、どのくらいのエネルギーをかけるかということ。

ビジネスで一番大事なのは、商品、現金じゃなく「お客さま」です。
手間のかかることを続けて、お客さまと関係性をつくり出していきましょう。

どんなに普通のことも、突き抜ければ価値になる。

今は、手間のかかることでしか、人の心を動かすことはできないのです。

つながりで売る！

法則

4

「価値」を伝える！

1 昔シュークリームは特別なお菓子だったのにね

ＵＳＰってご存じですよね。ＵＳＰ（ユニーク・セリング・プロポジション）。カンタンにいうと、「独自の価値」ということです。

「お客さんは、たくさん似たようなお店や商品がある中で、どこで買ってもいい、あるいはどこからも買わないという選択肢がありながら、どうしてあなたのところで買わなければならないのか？」

この答えです。

商品やサービスなどの、直接お客さまに売っているモノでは、なかなかＵＳＰにはなりません。

あなたが売っている商品やサービスと同じモノがたくさんあるし、代替で済むモノもたくさんあるからです。
今の日本ほど、クオリティの高い商品がありあまるほどある時代はないでしょう。

でも、モノがありあまるほどあって、なんでも好きなモノが手に入る時代って、本当に仕合わせなのかなと思うんです。

ボクが子供の頃は、モノがなくて、モノが輝いていました。

スパゲッティはナポリタンとミートソースの2種類しかなかったし、冷蔵庫やテレビもない家だってあった。

自家用車（なつかしい響きです）を持っているなんて、「すごいお金持ち！」っていわれる時代です。

先日、同年代のガールフレンドと話しているときに彼女が懐かしそうにこういいました。

「父が月に一度のお給料日に、駅前のケーキ屋さんで、ケーキを買ってきてくれたのよね。

子供の頃は、その日が待ち遠しくて、学校に行っていても朝からソワソワするくらいだったの。うれしかったな～」

仕合わせですよね。そういう子供って。

ひと月に一度のケーキ。きっと、ものすごくうれしかったんでしょうね。


今の子供たちって、そういう仕合わせを感じることができるのだろうか？

ケーキやシュークリームなんて、毎日でも食べられますから。

いつでも、誰でも手に入るモノには、もう価値がないってことです。

シュークリームやケーキに、大喜びする子供はもういません。

近所の家にテレビがやってきたからって、ご祝儀を持っていく人はいません。

どんなに新しいモノでも、便利なモノでも、現代人はモノで仕合わせを感じないのです。

物質的な豊かさが極限までに到達してしまったからです。

一方で、現代ほど、豊かさが求められている時代もありません。

それは物質的な豊かさではなく、心で感じる豊かさ。

だから「モノ」を売っていたらダメだってことです。


「お客さんは、たくさん似たようなお店や商品がある中で、

どこで買ってもいい、あるいはどこからも買わないという選択肢がありながら、
どうしてあなたのところで買わなければならないのか？」

この質問に明確に答えが出せますか？

答えは、商品やサービスではない。かといって、付加価値でもない。

もっとちがう、あなた独自の「何か」。

それはお客さまとの「関係性」だったり、「あなた自身」だったりするかもしれません。

あなたの会社や店が選ばれる「独自の価値」は何ですか？

それを真剣に探求していくことが大事です。

2 「安売りを喜ぶお客も悪い」。こんな思考になってませんか？

『安売りするな！「価値」を売れ！』というタイトルのボクの本を読んだ、地方にある観光ホテルの女将からこんな感想が届きました。

「東京だったら高く売れるかもしれないけれど、田舎の観光地は、やっぱり安売りしなければお客さんからも選んでもらえないんです。安いのを望んでいる、お客さんも悪いと思う」

やれやれ。こういう思考パターンだと、まったく前に進みません。

そもそもお客さまは、本当に安売りを望んでいるのでしょうか。

「安くしなければ売れない」

「お客さまは高いモノは買ってくれない」

そういう考え方は、実は、売っているほうの思い込みなんです。

売っているあなたが勝手にそう思い込んでいるだけ。

あなたがそう思っていたら、安売りから抜け出すことはできません。


さらに、商品やサービスが売れない理由を他のせいにしていると、永遠に売れません。

他人のせいや、環境のせいにするのはカンタンです。


「景気が悪いから」

「立地が悪いから」

「市場が成熟したから」

「会社のトップの理解がないから」

「業界の慣例が古いから」


そういう会社や人は、いつまで経っても売れませんよ。

同じ環境にあっても、繁盛している会社や新しいビジネスを生み出している会社はたくさんあるのです。

問題は、低迷している経済環境や市場の成熟などではありません。

マーケティングの一番の問題は、「創造力」の欠如です。

今までと同じことをしていたら、あなたのビジネスはなかなか前に進むことができない。

同じことの繰り返しです。

既成概念にとらわれない発想をしましょう。

今までとちがう「仕組み」を考えることです。

固定観念や既成概念にとらわれていたら、気づいたときには、なじみのお客さままでライバル会社に奪われている。

そういう事態になってもおかしくない時代なのです。

・自分の価値に気づく（スペック以外の個性）
・それを発信する（ブログやSNSやニュースレター、お手紙）
・交流する（発信だけでなくね）

これを繰り返すことにひとつの答えがあります。

3 たったひと言で、5000円のお寿司がバカ売れした

固定観念というのは怖いものです。

他の人が説明や説得しても、あるいは状況が変わって、おかしさが明らかになっても、訂正することが難しい。勝手に思い込んでしまう。

それで大きな機会損失をしている場合があります。

ボクがよくいっていることがあります。

お客さまは別に安いものを望んでいるのではない。

それなのにどうして安いほうが売れるのか。

それは、高いほうを選ぶ理由がわからないから。だから安いほうが売れる。

だったら、高いほうを選ぶ理由を、お客さまに教えてあげること。

そういうことです。

北海道の小樽にある「おたる政寿司」の例で説明しましょう。

ここの3代目の経営者、中村圭助さんはエクスマ塾の塾生です。

店内に置いてある握り寿司のメニュー。

3000円のセットメニューと5000円のセットメニューを掲載しています。

確かに3000円の握りは売れるのですか、ひとつ問題がありました。

本当に売りたいのは5000円の寿司。

なぜなら北海道の旬のネタ、店のウリであるマグロ、えび、ウニなどを全部入れることができるからです。

せっかく小樽に旅行に来ているのだから、本当においしいお寿司を食べてもらいたい。


それだって、素晴らしい旅の思い出になる。


でも中村さんは、固定観念で3000円のセットしか売れないと思っていた。

それを証明するように、やっぱり一番売れるのは3000円のセット。

5000円の握りのセットは1カ月で100食も出ない状態でした。

お客さまは別に安いものを望んでいるのはない。
お客さまに高いお寿司をオーダーする理由を教えてあげよう。
中村さんは、そういうことをエクスマ塾で学びました。
そして、メニューに次のたったひと言をつけ加えたんです。

美味しい寿司を食べたいと思っている方
一つ一つ職人が一手間かけて提供しますので、
しょう油は皿にいれないでくださいね！

メニュー切り替え前、この5000円のセットは1カ月で87食出ていました。
翌月メニュー切り替えで、597食も売れた。
実に686％のアップです。
もちろん商品内容を一切変えていません。写真も変えていません。
スペックは同じままです。
さらに直近の売上がすごい。なんと1164食。

［図4-1］

5000円のメニューの売上が13倍、1300％もアップしたんです。

伝え方で売上は変わります。

たくさんの企業や人が伝えようと努力していますが、伝わっていないことが多い。

お客さまの視点に立つこと。

固定観念は捨て去ること。

本当に伝わるためにはこれが大事なのです。

4 なぜ「母の日」に靴下が売れるのか？

イオン九州株式会社はボクのクライアントです。このイオン九州株式会社の大型ショッピングセンターに入店している専門店の店長さんやスタッフの方々を集めて、エクスマの基本、販促物のつくり方、ＰＯＰの書き方などを研修しています。

もう何年もやっているので、かなり成果があがります。

たとえば、「靴下屋」という靴下専門店。全国展開しているお店です。

その大分県のフランチャイズオーナーの重野涼社長はいつも研修に来てくれています。

このお店のＰＯＰや販促は明らかに、他の「靴下屋」の店舗とはちがいが出ています。

ある商品は、ＰＯＰをつけただけで、売上が全国の靴下屋で一番になったり、他の店ではまったく売れていない商品がとっても売れたりしている。

ある年の５月に店頭に設置した黒板。母の日のキャンペーンで使ったものです。

［図4-2］

思い立った日が母の日になる。
産んでくれてありがとう
思ってくれてありがとう
叱ってくれてありがとう
たくさんのありがとうを靴下に込めて

この黒板を設置したことで、ゴールデン・ウィーク中の売上が、昨年対比で１３０％になった。ゴールデン・ウィーク後、母の日までの１週間は売上が１４０％に。

母の日という特別な日の存在。

お母さんを思う心。

母の日の本質的な意味を、改めて気づかせる黒板になっています。

そして、お母さんへのそういう思いを靴下に込める、というちょっとユーモラスなオチになっている。
よくできています。
人柄や優しさも表現されているし、商品にもつながっている。

あなたが思っているほど、お客さまは、あなたの店のことは知りません。

価値を伝えなければ、存在しないのと同じ。

あなたの商品、お店、会社――その価値を伝えなければ存在しないのです。
恋人が欲しい欲しいと思っていても、何も行動を起こさず、部屋に閉じこもっていては恋人ができないのと同じことです。行動しましょう。

5 お客さまは買う理由がわからないから買わないんです

茨城県水戸市に本社がある株式会社山新は、茨城県を中心に27店舗のホームセンターを展開している企業です。家具インテリア専門店を含めると28店舗のお店がある。

もう10年近く社員研修をやっているのですが、毎回思うことがあります。

それは、「伝えるって大切だな」ってこと。

ＰＯＰで伝えることで、小売店の売上に大きな影響が出ます。

毎回、セミナーを受けた社員が、店に戻って実際にＰＯＰを書いてみて、その結果を報告しています。

どういう意図でつくったのか。設置してどんな結果が出たのか。

そういうことを報告して、本部が選択・編集、各店舗で共有しているのです。

その商品が、どう便利なのか、どんなときに使えるのかをストレートに表現して効果が

[図4-3]

あった事例を紹介しましょう。

呉工業の「ブレークリーン」という商品につけたものです。

こんな時にあったら便利!!
ブレーキや金属パーツの掃除
金属部分の油汚れ落としの時

こんなPOPをつけて価値を伝えたことで、販売数が132本、同期間対比で137・5%アップとなりました。

もうひとつ、価値を伝えて売上がジャンプアップした事例があります。

「LEDどこでもセンサーライト」という

商品につけたＰＯＰです。

だんだんと日が短くなる時期なので、電源がとれない場所でも自由自在に取りつけができるという点をお客さまに伝えるＰＯＰにしました。

1カ月経った結果は……設置前より販売数量が１４１％、金額では１５５％のアップです。

ＰＯＰを工夫して書いて設置するだけで、成果が出ています。

それを各店舗が共有することで、成果のおすそわけができる。

POPは「買う理由」を教える道具です。

買う理由がわからない商品は売れないのです。

6 「車いすでも安心して旅行ができる」ことを発信し続けた旅館

山形県米沢市の小野川温泉にある「鈴の宿　登府屋旅館」の経営者、遠藤直人さん。

前の章でも紹介しましたが、エクスマ塾の塾生です。

彼の旅館のコンセプトは、「車いすでも安心して旅行ができる」ということ。

そのコンセプトを、毎日ブログやフェイスブック、ユーチューブなどでしっかり発信しているんです。

もちろん、ニュースレターや折り込みチラシなどの紙媒体でも発信しています。


「大浴場に手すりとスロープ！　さらに、ラクラクに」

「だから車いすで泊まれない。宿のバリアフリー化が進まない3つのカベ」

など、車いすでも大丈夫ですよ、という発信や、旅館業にバリアフリーが進まない問題提起など、宿のコンセプトに合った記事をたくさん書いている。

他にも、小野川温泉の魅力や、雪国ならではの魅力を発信しています。

そういう発信を飽きずに根気よくやっているうちに、マスコミにも注目され、有名な週刊誌や全国ネットのテレビ番組に取り上げられるようになった。

テレビの取材は、ユーチューブの動画がきっかけになったりするそうです。

テレビ番組を制作する場合、当然、事前に調査したり資料を集めたりしますよね。

最初はほとんどインターネットを使う。

それも、ユーチューブなどの動画サイトで調べてから下見に来たりする。

遠藤さんは冬のお客さまサービスである「かまくら村」で、子供たちが雪遊びをしている画像を投稿したり、雪のテーブルでラーメンの出前サービスをしてお客さまが感激している動画を投稿したりしています。

そういう動画をたくさん投稿することで、テレビ局の人や番組制作のスタッフに観てもらいやすくなっているのです。

独自の価値を発信して、安売りせずに集客につなげている。

あなたのビジネスでどう応用できるか。ぜひ考えてみてください。

7

「甲子園クリーニング」で高校球児の母親のハートをキャ〜ッチ！

昔、子供の頃、父と湖でボートに乗って釣りをしたことがあります。

ボクの田舎の釧路にある春採湖《はるとりこ》という湖です。

湖面を見ているとき、魚が水面から飛び跳ねた。そうしたら父がこういったんです。

「魚が飛び跳ねたところには、目に見えないけれど、魚の群れがいることが多いんだよ」

消費者からの思わぬ要望（飛び跳ねた魚）の裏には、膨大な同じ需要（魚の群れ）が隠れている場合がある。

そんなことを解説するために、春採湖での父との会話をセミナーですることがあります。

先ほども紹介した壁下陽一さん。大阪で「クリーニングＢｅ」という会社を経営しています。

もうエクスマを10年以上勉強している。

今ではエクスマ塾のサポート講師や自分のブログ塾なども開催していて、クリーニング店の経営者とは思えない活動をしています。

もちろん彼の会社の業績もいい。

その彼が本業で実施している面白い取り組みを紹介しましょう。

題して「甲子園クリーニング」。

文字通り、甲子園に出場する選手のユニフォームや練習着を洗うサービスです。

それは1本の電話から始まりました。

数年前の夏、ある旅行代理店からの相談の電話です。

「明日、○○県の出場校を引率して甲子園に向かうのですが、選手のユニフォームをクリーニングしてくれないでしょうか?」

今まで、甲子園の選手のユニフォームのクリーニングなんて考えたことはなかった壁下さん、面白そうなのでふたつ返事でOKしました。

もちろんノウハウはなく、料金も納期も、先方の希望通りにクリーニングしたのです。

「ああ、こういう需要があるんだ」

壁下さんはそのとき、こう思ったそうです。

そして、セミナーでのボクの話を思い出した。

「魚が跳ねるところに大群がいる可能性がある」という話です。

ひとつの問い合わせがあれば、同じような隠れた需要が少なからずあるのでは。

壁下さんの「甲子園クリーニング」の誕生です。

甲子園の場合、出場する高校は開会式の1週間ほど前から現地に入り、練習を始め、調整を行います。

夏だったこともあり、練習用ユニフォーム、自主練習用のTシャツなどで洗濯物のボリュームはスゴイ量になったそうです。

この高校の場合、開会式前の練習から始まり、開会式を終え、結果的に1回戦で敗退しましたが、売上は20万円ほど。

こういう需要があるなら、メニューをつくろうということで、まず壁下さんはホーム

[図4-4]

ページを立ち上げました。

このホームページから、問い合わせが数件来るようになった。

問い合わせをくれたのは高校球児のお母さんたちでした。

通常は、お母さんたちが現地に入り、ユニフォームをコインランドリーで洗います。

練習後からコインランドリーに移動して、日付が変わるくらいまで毎日洗濯……宿舎からコインランドリーまでタクシーで移動することもある。

30人分のクリーニングはものすごい量です。

体力的にもツライ。

さらに、全面的に協力できるお母さんもいれば、仕事でお手伝いできないお母さんもいるのが現実です。そこで、不平不満が生じる。

お母さんからは「正直、お金で解決できるなら解決したい」との声もあったそうです。

しかも、コインランドリーの費用は1日1万円を超え、お母さんたちの宿泊費、食費、移動費を計算すると、プロに依頼したほうが安いということも判明した。

お母さんたちは、壁下さんにクリーニングを出すことによって、応援に集中でき、選手も練習に集中できる。

それが、甲子園クリーニングが生まれた経緯です。

そうした話を「祝・甲子園出場！ 試合期間中のユニフォーム洗濯は野球部まるごとクリーニング屋にお任せくださいDM」というパンフレットにして、2015年の夏の甲子園から出場校に送り始めました

夏の予選は7月下旬まで地方大会があり、その後すぐに甲子園に向けて出発するので、レターパック360の速達で送付。

結果、出場49校に送付し、問い合わせ6件、成約は4件。

[図4-5]

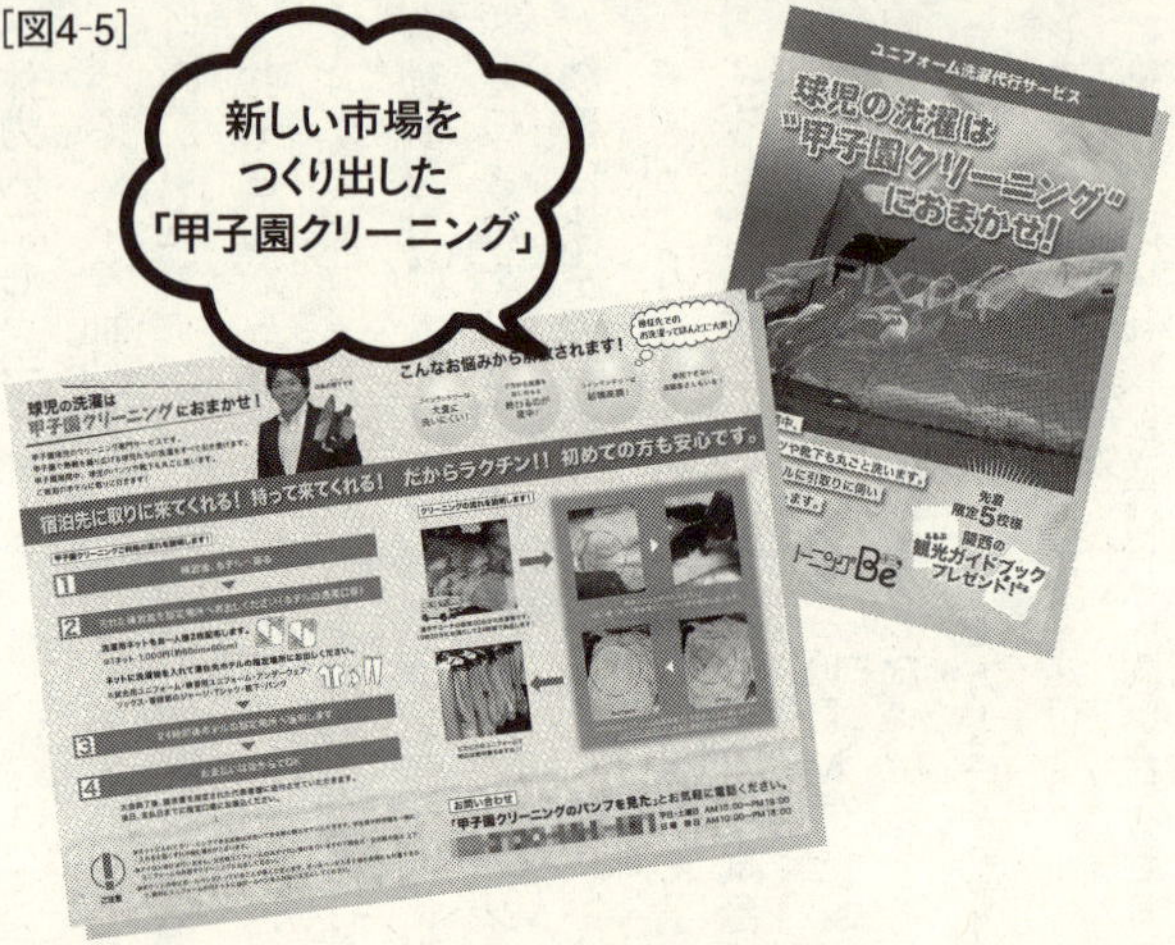

２０１６年の春のセンバツ甲子園では、32校に送付して、問い合わせ４件、成約は３件。

お客さまの1件の問い合わせから、その需要を想像し、実際に行動してみる。もしかすると、それは新しい大きな市場をつくり出すことになるかもしれません。

ちなみに、この「甲子園クリーニング」のパンフレットは、日本郵便が主催した２０１６年の「第30回全日本ＤＭ大賞」の銀賞に輝いています。

8 どれだけ時代が変わっても変わらない価値

ずっと昔、結構話題になっていた「ワープロ検定」。
今、あの資格を持っていても……たぶんまったく価値がないですよね。
そうしたものは世の中にたくさんあります。
「ポケットベル」(忘れてた!)
「レコード針」(懐かしい!)
「カセットテープ」(いっぱい持っているけど聞けない!)
「フィルムカメラ」(フィルム、売っているのかな?)
「DPEショップ」(フィルムを現像して焼き付けする店だった!)

世の中が変われば、人の心も変わる。

今まで価値のあったものが、価値がなくなる。

当たり前のことですが、ボクたちはそういうことを、しばしば忘れてしまいます。

ビジネスにとって恐ろしいのは、そのことに、自分で気づかないこと。

うかうかしていると、取り残されます。

でも、ボクがそれ以上に恐ろしいと思うのは、世の中が変わっていくときに間違った方向に進んでしまうことです。

それは、変化を本当の意味で実感していないから。

そして、世の中には間違った方向に進んでいる企業がすごく多いような気がします。

「つながりの経済」の中では、企業の本音が生活者に伝わりやすくなっています。

SNSがインフラ化したことで、会社が隠し事をできない時代になったってことです。


「個人の利益を追求していた時代から、全体の利益を考える時代に」

こんな風に社会は変わってきている。

そして、そのことに世の中も気づいています。

目先の利益にしか興味のない企業や、一見社会のことを思っているように装って、自分の会社のことしか考えていない企業。そういう企業はもう生活者に選ばれません。

では、どういう企業が選ばれるのか?

それは、愛のある企業。企業だけでなく、人も一緒です。自分の商品やサービスに愛を注ぎ込める人、お客さまに愛情を抱いてつながる人だけが選ばれる。

でもね、そんなことは今さらボクがいうまでもないことです。

昔からビジネスというのはそういうものでしょう。

自分のところだけ利益を出せばいい。自分のところだけ戦いに勝てばいい。

そんな考え方の企業はこれからは選ばれなくなっていく。

だってそれは真理とはちがっているから。

だから、企業は考え方を劇的に変えなければいけません。

皆さんが経営者だったら、経営の仕方、考え方、方向性、全部を変えなければいけない。

本当にそのくらい変わりました。

一方、これからの時代、変わらず価値となることがあります。

それは、利他的であること、そして「社会や人々を仕合わせにする」というビジネスの真理に回帰することです。

つながりで売る！

法則 5

「共感」をつくり出す！

1 美容師は仮面ライダーの夢を見るか？

エクスマ塾の塾生で、美容室専門コンサルタントの平松泰人さんが講演で面白い話をしていました。

「同じ趣味の人は通常の3倍のスピードで仲良くなれる理論」です。

これを聞いたとき、大きく納得しました。

平松さんは仮面ライダーやガンダム、スターウォーズが好きだということを機会があるたびに発信しています。著書の表紙だって、仮面ライダー風の自分のイラスト。

よほど好きなんだなって伝わります。

平松さんの仕事は、美容室のスタッフ向けにセミナーをやったり、美容室の個別コンサルをしたりで、全国を飛び回っています。

だいぶ前、初めて会う美容室のオーナーと打ち合わせをしているときのこと。

そのオーナーが仮面ライダーが大好きだということで、ふたりで大盛り上がりに盛り上がった。

あっという間に意気投合して、そのオーナーは平松さんのコンサルを受けることになったのです。そのとき平松さんは思ったそうです。

「同じ趣味の人は、通常の3倍のスピードで仲良くなれるんだな。関係性をつくりやすいんだな」って。

「だから、ブログやSNSに、自分の好きなことや趣味を積極的に発信することが大切なんです」。平松さんがセミナーでいつもいっていることです。


エクスマ的なSNSの活用方法というのは、「関係性」の構築です。

たくさんの人たちと継続的でゆるやかな関係性をつくり出すことがSNSの目的。

そのゆるやかな関係性の中から、ファンやサポーター、エバンジェリスト（伝道師）になっていく人をつくり出していくことです。

そして、関係性を構築するためのキーワードは「共感」です。

2 SNS上で語られなかったら、存在しない時代です

あなたの発信に「共感」をしてもらうために、関係性を深めるために、趣味や最近はまっていることを発信する。これは、とっても大事なことです。

近い趣味、同じ趣味を持っている人とは、先ほどの「3倍理論」で通常よりも早く仲良くなれるわけです。

だって、あらかじめコンテクスト（価値観や世界観）を共有しているから。

SNSで仕事のこと以外は発信してはいけないと思っている人がたまにいますが、そんなことはありません。

あなたの日常をたくさん発信しましょう。

あなたの「個」を出しましょう。

「休日は美術館に行ったりする人なんだ」

「フランス映画が好きみたい」

「まだ小さい子供がいるんだ」

「エスニック料理が好物なんだ」

「マラソンをしているな」

などなど、日常を発信していると、見ている人はあなたに親近感を覚え、「共感」が生まれます。


いつも面白い話をしてくれる人、知らないことを面白く教えてくれる人、あなたと共通の話題で盛り上がる人、あなたの話を面白がって聞いてくれる人。

そういう人とは時間を共有していて、とっても楽しいですよね。

それが「共感」するってことなんです。

企業も個人も、SNS上で語られなかったら存在しないのと同じ意味になる時代。

仕事以外のあなたをもっと出しましょう。

3 大切なのはこの順番！

会社のフェイスブックページと個人のページを同時にやる必要がある人も多いでしょう。

「会社のページと個人のページ、どちらを優先したほうがいいですか」

セミナーや講演でよく受ける質問です。

いろいろな考え方があるでしょうが、ボクは、経営者や士業の人は個人ページを優先するほうがいいと思います。

実名の個人と個人のつながりが基本のフェイスブックでは、あなた自身の「個」を出すことが大切です。

たくさんの人とつながって、あなた自身の人柄を理解してもらうことです。

特に経営者やビジネスリーダーは顔を出して発信すること。

SNSがインフラ化した今では、経営者の顔が見えない会社の製品は買わないという人が結構います。

そして、この傾向はますます顕著になっていくでしょう。

経営者の人柄が企業の業績に影響する時代だってことです。

個人のページでたくさんの人とつながり、信頼を得てから、あなたの会社のフェイスブックページを紹介する。

そうすると、売り込みになりません。

手間はかかりますが、この順番が大切です。

あなた個人がSNS上で信頼され、共感されることを第一に考えること。

それが「関係性」をつくるためには、大切なことなのです。

4 新規客が680名！　なぜ「kiso bar」は西麻布の新名所になったのか

新しくオープンした、ビルの2階にある飲食店。知らなかったら入りにくくないですか？

それがもし、バーだったら余計に入りにくい。

「お客は常連だけで、場違いになるんじゃないかな」

「すごくこだわりのある、怖いマスターがいたら面倒だな」

「雰囲気もわからないし、新しいバーに行く理由がないな」

などなど、心配やら恐怖やら自意識やらで、入りにくい。


昔お世話になった友人の木曽信介さんが東京の西麻布にバーを開店しました。

「ｋｉｓｏ　ｂａｒ」。賑やかな六本木通り沿いにありますが、ビルの2階です。

普通だったら入りにくい立地ですよね。

でも、「ｋｉｓｏ　ｂａｒ」はそんなことないんです。

それは黒板のおかげ。

黒板が1階の入り口付近に掲げてあります。

オーナーの木曽さんが、毎日書いている。

これがとってもいい。面白い。

木曽さんの「個」が思いっ切り出ていて、思わず行ってみたくなる内容になっています。

いくつか紹介しましょう。

＊＊＊

昨日は六本木のケバブ屋のスタッフの方がいらっしゃいました。

新しい出会いに感謝!!

オープンして1か月!!

木曽信介（38）神戸出身です。

お気軽にどーぞ!!

＊＊＊

年齢や出身地がわかります。

新しい出会いに感謝している、あたたかな人柄だということも伝わります。

そして、極めつけが「お気軽にどーぞ!!」。
シンプルなフレーズですが、これだけでかなりハードルが低くなります。

＊＊＊

日曜日も営業しています。
やっぱり地元の方に来てほしいしね。
テーブルチャージもないし、軽くふらっと寄っていただければうれしいです。
お気軽にどーぞ!!

＊＊＊

これも店の情報をさり気なく出して、見た人の懸念を払拭する効果になっています。

＊＊＊

5歳の息子に
「ねえパパ知ってる？　ハゲと坊主は違うんだよ。幼稚園で言ってたもん。
パパはハゲだよ」って言われました。チキショー!!

＊＊＊

小さな男の子がいる父親だということを遊び心を交えて発信、親近感が湧いてきます。

[図5-1]

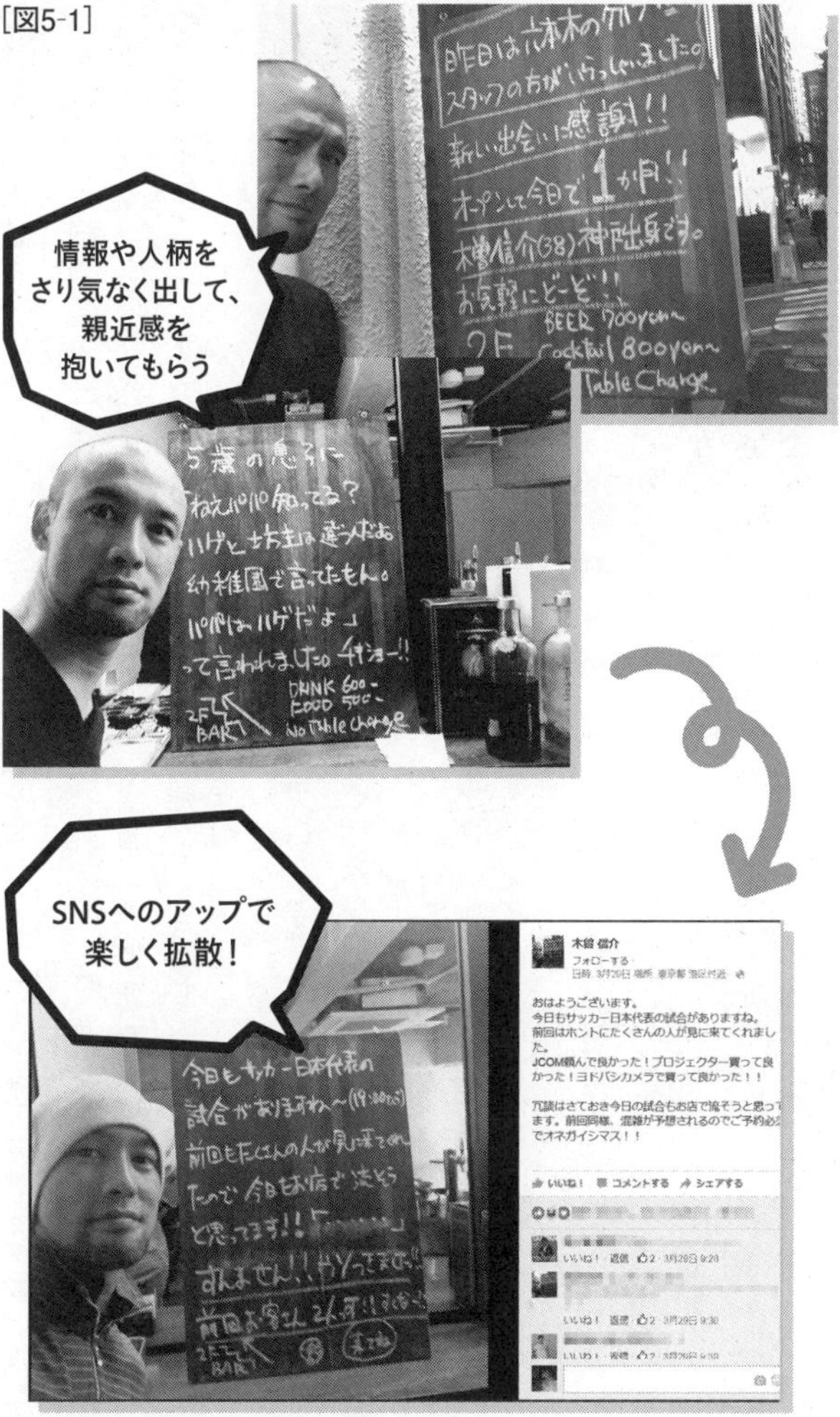
情報や人柄を
さり気なく出して、
親近感を
抱いてもらう
スタッフの方がいらっしゃいました。
新しい出会いに感謝!!
オープンして今日で1か月!!
お気軽にどーぞ!!
BEER 700yen~
Cocktail 800yen~
5歳の息子に
「ねえパパ知ってる?
ハゲと坊主は違うんだよ
幼稚園で言ってたもん。
パパはハゲだよ」
って言われました。
DRINK 600~
FOOD 500~
No Table Charge
SNSへのアップで
楽しく拡散!
今日もサッカー日本代表の
木舘 信介
フォローする
おはようございます。
今日もサッカー日本代表の試合がありますね。
前回はホントにたくさんの人が見に来てくれました。
JCOM頼んで良かった!プロジェクター買って良かった!ヨドバシカメラで買って良かった!!
いいね! コメントする シェアする

さらに、木曽さんは自分の写真も入れて、黒板を毎日コメントつきでフェイスブックにアップしています。

フェイスブックの写真で「ｋｉｓｏ ｂａｒ 看板（西麻布）」というアルバムがあるのでそこを見ると、今までのほぼすべての黒板を見ることができます。

よくチェーンのカフェとかで出している店頭の黒板がありますよね。

「寒い日ですから、あたたかいカフェオレをどうぞ」なんて書いてある、通り一辺倒のものです。

木曽さんの発信は、これとは明らかにちがいます。

そこに個性が出ているか。

その言葉に心が入っているか。

楽しんでいるのがわかるか。

そこに「遊び心」があるか。

そして、黒板をSNSにアップして、SNS上でもコミュニケーションをとっている。

これが、「つながりの経済」の時代の新しいやり方です。


木曽さんは、業務としてやっているのではなく、街を行く人たちと、楽しんでコミュニケーションしているのです。

さらに、SNSにアップすることで、

「西麻布って行ったことがないけど、来週行ってみようかな」

「今度の東京出張のときに、木曽さんに会いに行ってみようかな」

という、コミュニティの中での楽しい拡散を果たしているのです。


これは別に黒板に限りません。チラシだってPOPだって同様です。

SNSにアップして、そこでコミュニケーションをとっていくことができますよね。


木曽さんは、黒板を販促の手段だと思っていない。

でも、結果的にこれがすごい販促物になりました。

開業してわずか9カ月の時点で、黒板を実際に見て、あるいはSNS上で知って来店した新規のお客さまが680名。何もしなければ、この10分の1だって集客は難しいと思います。

今や「kiso bar」は西麻布の新名所にもなっています。

「つながりの経済」では、遊び心を持って「個」を出し、お客さまと交流する。

それがとっても大事になってくる。

たった1枚の黒板でも、毎日工夫して書き、同時にSNSにアップしていったら、すごいコミュニケーションになる。

そして、見ている人との関係性がつくり出されて、来店につながるのです。

5 「大企業の情報」と「個人発の情報」が対等になった

かつてメディアといえば、テレビや新聞、雑誌などいわゆるマスメディアを指しました。
今は、SNSもメディアになっています。
SNSにあげられた個人の投稿（テキスト）だけでなく、投稿についた友人のコメントや会話、個人の撮影した写真や映像もメディアです。

たとえば、あなたが今日のランチにSNSにあげた、狛江にあるベトナム料理店「チャオサイゴン」の「冷やしサイゴンラーメン」。

誰かがそれを見て、お店に行くかもしれない。

たとえば、あなたが昨夜同僚と飲みに行き、投稿した新橋の九州料理店「有薫酒蔵」。
その店を知っている、誰かの共感をつくり出しているかもしれない。

SNSには、その人の生きているプロセスが綴られています。

そして、その人生がSNS上に集まって、それぞれのコミュニティができあがっていきます。

そのコミュニティは閉ざされたものではなく、無数の人たちがランダムにつながり、合体していくものです。

そうなると、もはや個人の生活すべて、生活している空間そのものが「メディア化」しているといってもいいでしょう。

飲み屋での話や何気ない日常会話が、SNS上でコミュニケーションすることで、メディアになっていくっていうことです。

あなたもあなたの友達の生活もメディア的なコンテンツになっているのです。

だから企業も「個」を出して、生活者とコミュニケーションしていきましょう。

そうしないと、いずれ価格競争だけになり、利益が出ない状況になってしまうかもしれないのです。

6 「楽しさ」でお客さまとつながった仙台のショッピングセンター

宮城県の仙台市地下鉄南北線・泉中央駅にあるSC(ショッピングセンター)「セルバ」。

ボクのクライアントです。

地下鉄駅に隣接している都市型の大きなショッピングセンター。

最近ショッピングセンターってあまり個性がありませんよね。

みんな同じようなテナントで、同じような店や商品ばかり。

個性がなくなっている。

たまたま近所だから、たまたま通勤に使っている駅にあるから、そういう理由で選ばれているだけ。

もし、もっと近所にSCができたら、隣に同じようなものができたら、選ばれなくなる。

そういう危機感を持ったセルバが、数年前、ボクにエクスマの勉強会を依頼してくれました。

その中で、普通ではやらないような楽しい展開をします。

お客さまから見ると「面白い!」っていわれるようなことばかりです。

もともと、ここの販促責任者の吉田久美子さん。

とっても面白い女性です(あ、いい意味でね)。

たとえばセルバのフェイスブックに、吉田さん自身が大きな紙袋をかぶって、各テナントに行き、試着や試食しながら商品を紹介するシーンをアップしたり。

もともとセルバに対して好意的なお客さま10人くらいとのコミュニティをつくって、ツイッターやブログで活動したり。

母の日のキャンペーンポスターに、従業員やお客さまの幼い頃の写真、若い頃のお母さんと一緒に写っている写真を使い、話題になったり。

ボクだけじゃなく、他の面白い講演をするエクスマ塾生を呼んで、社員研修をしたり、ともかく楽しいことばかりやっている。

そういうことをやっているうちに、実に個性的なSCになっていきました。

もちろん本人たちも楽しんでいますが、お客さまも楽しくなる。

エクスマ的な手法で、面白かった事例を紹介します。

それは、「知ってましたか？ コンテスト」。

セルバはテナント数が100店舗ちょっとあります。

そのほぼすべての店舗の正面に、手書きのポスターを掲示するというイベント。

ポスターに共通しているのが「知ってましたか？」という言葉。

あらかじめ、ポスターに「知ってましたか？」という文字が印刷されていて、その他の部分を店独自に考え、作成するというものです。

強制参加ではなく、やりたい店だけやってもらうというもの。

掲示したすべてのポスターを最終的に審査して、順位を決め、賞品が当たる。

これが面白かった。

どれだけ参加してくれるのか、企画した当初は心配でした。

でも、本部から許可が下りなかった1店舗だけ不参加で、他すべてのテナントが参加してくれました。

参加できなかった全国チェーンの店の店長は、かなりやりたがっていたんですけどね。

＊＊＊

知ってましたか?

防水スプレーをかけるタイミング

①直前

②約3時間前

③約8時間前

答えはスタッフまで‼

〈靴専門店〉

＊＊＊

知ってましたか?

ねぇ、知ってる?

本の新刊は毎日200冊も出るんだって。

〈書店〉

＊＊＊

知ってましたか？

こんなランキング!!

1位　花束

2位　指輪

3位　世界一周旅行

コレ、実は……もらってみたい贈り物ランキングなんです!!

贈り物の参考にしてみてはいかがですか。

〈フラワーショップ〉

＊＊＊

こんな感じで1店舗以外のすべての店舗に手書きのポスターが設置されたのです。

ボクが個人的に気に入ったのは、キャリア女性を顧客とするブティックのポスター。

面白かった。

＊＊＊

知ってましたか？

スタッフの特技

＊＊＊＊

と、ここまで文字なのですが、そのあとスタッフ4名のあんまり上手じゃない似顔絵が描いてあって、あみだくじになっている。

あみだくじの最後に、「バレーボール」「ダイエット」「サーフィン」「まんがオタク」と、それぞれのスタッフの特技が書いてあるのです。

このポスターは店で扱っている洗練された服との違和感が面白く、インパクトがありました。

あとから聞いたのですが、このPOP、とっても効果があった。

たとえば、これまでお店に足を踏み入れたことのないお客さまが、こういって入店した

[図5-2]

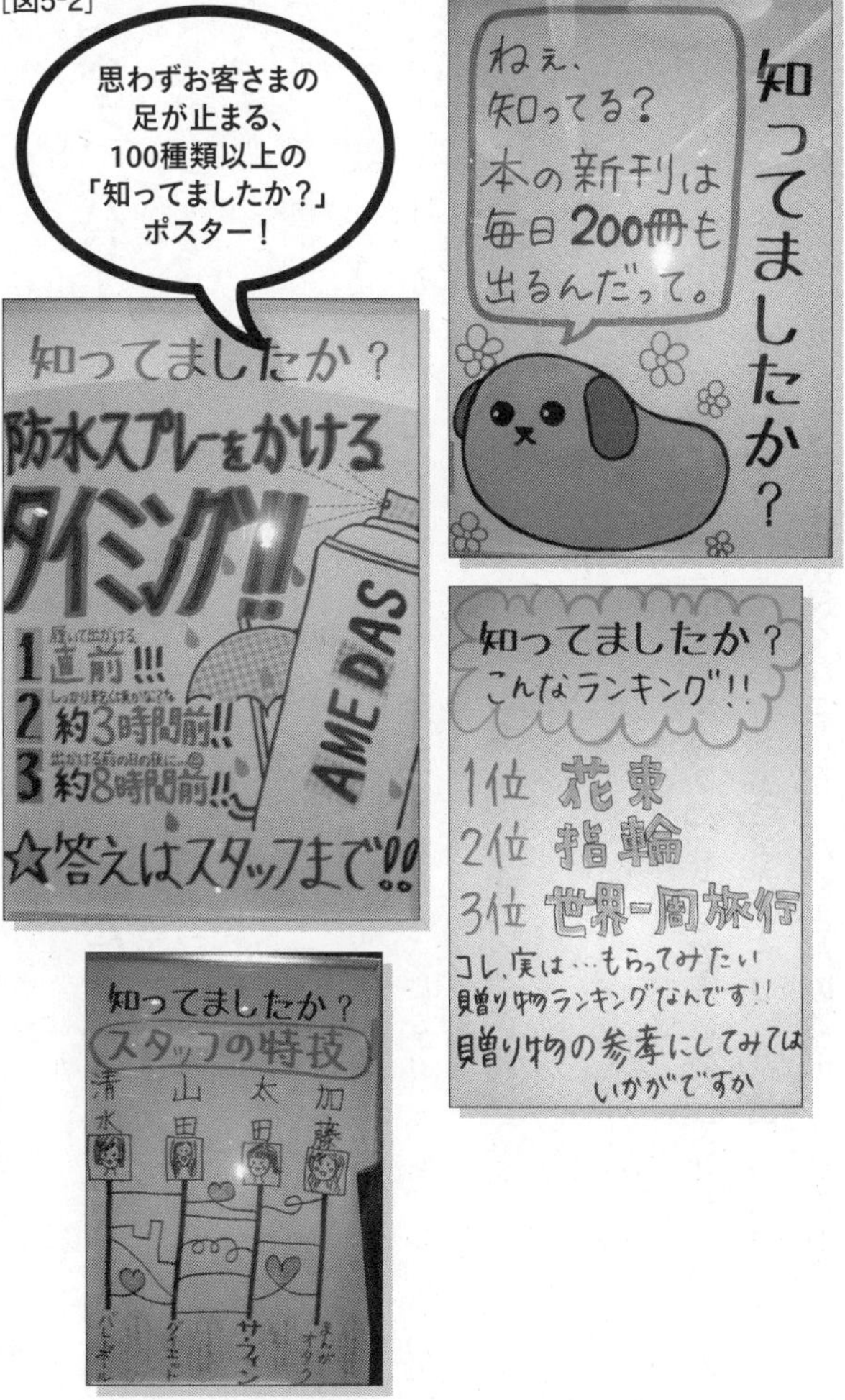
思わずお客さまの
足が止まる、
100種類以上の
「知ってましたか？」
ポスター！
知ってましたか？
防水スプレーをかけるタイミング!!
1 直前!!!
2 約3時間前!!
3 約8時間前!!
AME DAS
☆答えはスタッフまで!!
知ってましたか？
ねぇ、
知ってる？
本の新刊は
毎日200冊も
出るんだって。
知ってましたか？
こんなランキング!!
1位 花束
2位 指輪
3位 世界一周旅行
コレ、実は…もらってみたい
贈り物ランキングなんです!!
贈り物の参考にしてみては
いかがですか
知ってましたか？
スタッフの特技
清水
山田
太田
加藤
サーフィン
まんがオタク

そうです。

「へえ、バレーボールをやっている店員さんがいるの？」

このお客さま、中学校のバレーボール部の顧問をやっていて、ＰＯＰでお店に親近感を持ち、入店。

結果、お仕事用の洋服一式、６万５０００円分を買ってくれました。

また、「まんがオタク」がいることに興味を持って入店してくれたお客さまもいた。スタッフとまんが談義に花が咲き、毎月来店してくれるようになり、さらにはお友だちも連れてきてくれるようになったそうです。

こんなユニークな店頭ポスターです。

すべての店を見たくなりませんか。

このキャンペーンで、お客さまの在店時間が伸びたことは間違いありません。

さらに、今まで行ったことのない店に新しいお客さまが来たり、今まであまりコミュニケーションしていなかった店同士が仲良くなったり、たくさんの効果がありました。

そして何より楽しいSCだという認識ができてきた。

やっているほうが楽しんで、少々おふざけのように見えても、その楽しさがお客さまに伝わる。

楽しさでたくさんのお客さまと「つながる」のです。

それが個性になり、価値になっていく。

人は暗いところより、明るくて楽しいところに集まります。

それは誰がなんといおうとも、真理なのです。

7 自分の仕事を掛け算で考えよう

テクノロジーの進化は数多くの仕事を消滅させている。これは間違いないことです。たとえば、それまで数百人が働いていた工場も、今ではわずか数人の管理者だけですべて機械化されたりしています。

人間でしかできないといわれてきた文章を書く仕事だって、アプリにより自動記述化がある程度できるようになっています。

手術ロボットが名医より名医になったり、自動運転の車がF1ドライバーよりドライビング技術が上になったりしています。

世界で一番テクニックがあるドラマーは「リズムマシン」だったりするのです。

AIが人の仕事を奪うだけでなく、アマチュアがプロフェッショナルの仕事を奪うことも起きています。

パソコンやデジタル機材は、高スペックで低価格のものが増えてきました。

結果、プロしか持てなかった機材が、アマチュアでも使えるようになってきています。

カメラや楽器などは、ハイエンドモデルですら、手の届くものになっています。

だから、酒店のすぎちゃんが富士山の写真集を出して、SNSで発信することでたくさん売れたり、大学生の岡崎くんがクオリティと芸術性の高いF1グランプリの写真集をつくることができる。

プロのライターの文章より、商売っ気のないクリーニング店の経営者、壁下さんのブログのほうが面白かったり、プロがつくった動画より、工具屋てっちゃんのユーチューブの投稿が面白かったりする時代です。

プロとハイアマチュアの差がなくなってきています。

機械に置き換わってしまう仕事は、社会的価値が限りなくゼロになるということ。

あるいはアマチュアに代替される仕事はどんどん価格が安くなり、一部のプロフェッショナルしか食べていけなくなるということ。

気がついたときには、自分の仕事が消滅しているかもしれません。

だからこそ、今やっている仕事の他に、複数の得意分野を持つことが大事です。

今やっている仕事も、もちろんスキルや能力を上げる。

さらに、他の分野を複数持つこと。

好きな分野を持って、それを追求することです。

そうなると、他に代わりのないあなたの個性になっていきます。

大河ドラマが大好きで、大河ドラマでビジネスを語る大河ドラマ税理士とか、サッカーバカでサッカージャーナリストでコンサルタントの美容師とか、クラシックギターの生演奏が得意なレストランの店長とか。


仕事と好きなことを掛け算して考えていく。


そういう分野を複数持っていると、次の道筋が用意されることが多いのです。

そんな仕事観を持つことが、変革の流れに飲み込まれず、「個」を発信し続けるコツになります。

つながりで売る!

法則

6

風通しのいいコミュニティをつくる!

1 距離感がちょうどいい、ユルいつながりで消費が起こる

「つながりの経済」では、友人や知り合いになった人との関係性の中で消費する傾向があります。

だから、あなたを中心とした「コミュニティ」をつくることが、成功の要因になる。

でも、ボクがいうコミュニティというのは、お客さまを囲い込むとか、会員制にするとか、そういうものではありません。

そんなガチガチのつながりではなく、お互いの距離感がちょうどいいコミュニティです。

どちらかというと、ユルいつながり。

仕事は何をしていて、家族構成や趣味、好きな食べ物や日常のおおまかな活動がわかる。

そんな関係性です。

好きの集まり。

価値観や考え方、趣味などの好きが共通している人のユルい集まり。

伝わってますか?

だからコミュニティが自分に合わないとか、飽きたと思ったら、出入り自由。

コミュニティ側も、来る者を拒まず、去る者は追わず。

会費も会員証もない。

排他的でもなく、意図的な選別や圧力もない心地よさ。

そんなゆるやかな、軽やかな関係性。


情報が膨大になって、商品やサービスの種類も多様化されている。

ひとりの人間がたくさんのコミュニティに属しているような現状です。

そんな状況で、囲い込みや会員制のようなカタい組織は窮屈だと感じるし、風通しの悪い組織になる可能性もあるんです。

2 大丈夫！ 大好きなお客さまとだけつながればOK！

販促や広告、ブログやSNSの発信、プレゼンや講演、なんでもそうですが、伝える相手のことがよくわからないと届きません。

誰に伝えたいのか？

これを明確にすることが大事です。

誰に伝えるのかがわかったら、どういう風に伝えたらいいかがわかってきます。

マーケティングでも同じです。

自分の商品を、どういう人に買っていただくのか？

そして、その人たちに、どういう価値を届けるのか？

この視点が重要ってことです。

繁盛しているお店やレストラン、商品や会社を見てみましょう。

特定のライフスタイルを持った人に買ってほしい、というしっかりとしたコンセプトを持ったお店や会社が多いです。

たくさんの人に買ってもらわなくてもいい。

お客さまの幅は狭くてもいい。

結局はそういうところが繁盛しています。


あなたの会社の商品は、どういう人たちに、どういう体験を提供しているのか？

それをもう一度考えてみてください。

老若男女、すべてがお客さまだと思わないことが大事です。

お客さまを選んでみましょう。

いいお客さまとだけおつき合いしましょう。

いいお客さまとは、あなたのことが好きなお客さまです。

逆にいうと、あなたのことが嫌いなお客さまとはつき合わなくてもいい。

それができたら、とってもいいですよね。

ＳＮＳで発信していると、それができるのです。

お客さまの質は、あなたが発信する情報の質で決まるからです。

「他の店より1円でも安く売ります！」という情報を発信していると、1円でも安く買いたいお客さまが集まってきます。

妥協を許さないで自然素材を使っている、そういう食品を扱っている店です、って発信をしていると、少々高くてもいいから健康や自然に価値を見出すお客さまが来てくれます。

それは当然のこと。

だから、どういう人が理想のお客さまか。
それを明確にして、その人に共感されたり、好きになってもらう。
あなたが仲良くなりたい人が好む情報を発信することを心がける。
地道にそういうことをやっていると、あなたに共感してくれる人や好きになってくれる人が増えます。

これが、あなたのコミュニティをつくり出す発想です。


コミュニティの場をつくり出す。あるいは、あなた自身がその中心になる。

SNSやブログで共感を呼ぶような情報を発信すること。

発信だけではなく、SNSでコミュニケーションすること。

そういうことを、意図的にやってみる。


あなたを中心としたコミュニティができたら、これはすごいです。

その中からお客さまになってくれる人が出てくる。

毎日のように発信していると、信頼が生まれます。

さらに、あなたの商品やサービスのことをその発信に織り交ぜることで、商品を理解してくれるようになります。商品の知識が深くなると、それが欲しくなるのです。

コミュニティをつくり、そこに集うお客さまの質を決めるのは、あなたの発信です。

3 大きな会社も「つながり」で売る
——パナソニックでの成功事例

大きな会社でエクスマを実践することは、結構難しいと考えられがちです。お客さまとの関係性を重視する。楽しむ。SNSを活用する……などなど、大企業ではあまりやりたくないことを提唱しているからかもしれません。でも、売上高7兆円規模の企業でも取り入れてうまくいっている。

そういう事例もあります。

パナソニックで実施したエクスマの事例です。

パナソニックの中に、「パナソニック株式会社 エコソリューションズ社」という部門があります。リフォームや太陽光発電、住宅設備や建材などの事業会社です。

当時その会社の九州ブロックの営業部長だった須浪恵寛さんが、リフォーム事業にエクスマを活用しようと企画しました。

リフォーム事業を中心に、エクスマを勉強する塾「パナソニック藤村塾」を九州地方で実施したのです。

九州には沖縄を含め「パナソニックリビングショウルーム」という9つのショウルームがあります。このショウルームでのイベントを、自分たちで考え、地域を巻き込んで実施するという課題の塾です。

ショウルームのイベントは通常、本部の企画をそのまま実施します。

「春のリフォームフェア」とか「リフォーム全国一斉相談会」などです。

自分たちで考えたイベントじゃないので、なかなか当事者意識を持てなかったりします。

そうではなく、自分たちで企画して、自分たちで集客したら、常識に縛られない、面白いイベントができるのではないか。須浪さんはそう考えたわけです。

そこでエクスマの講演を実施したり、ワークショップで今までにないイベントを考えたりしながら、ショウルームごとに、企画をつくり上げていきました。

そして実際に企画を「パナソニック藤村塾」でプレゼンしてもらい、コンテストをするわけです。

パナソニックがリフォームといっても、パナソニックが直接工事をするわけではありません。パナソニックの製品を使ったリフォーム工事をしてくれる、契約している工務店や建築会社がある。

こうした地元の工事会社さんの協力を得て、イベントを実施するわけです。とても面白いイベントができあがりました。

たとえば、沖縄のショウルームは「健康長寿リフォームフェア」。「食」と「リラクゼーション」という健康長寿に欠かせない要素を、おうちのリフォームと関連づけて発信するイベントです。

パナソニックの製品には、料理が美味しくきれいにできるＩＨ調理器や、使い勝手のいいシステムキッチンなどがあります。イベントで野菜ソムリエを招いて調理実演してもらいました。野菜を多めに、脂肪は控えめにバランスのよい食習慣の改善を提案したのです。

「リラクゼーション」の商品といえば、パナソニックが独自に開発した「酸素美泡湯」という浴槽。酸素の細かい泡が出るこの浴槽は、疲労回復に効果があったり、冷え性など体質改善にも役立ち、お肌もスベスベになる。

さらにLED照明や音響映像機器などのパナソニック商品を提案しながら、**眠りの質を高める快適な空間づくりを体験してもらうコーナーなどをつくりました。**

そのほか、医療機関に協力をしてもらい、「生活習慣病講座」のセミナーも開催しました。

鹿児島は「リフォームdeデトックス」というテーマでのイベントです。

コンセプトは、「パナソニックのリフォームで、おウチのご不満もデトックス！」。**今の住まいの使いにくいところをデトックスする。**

たとえば、キッチンやリビングの収納が少ないという不満を解決したり、いつも自動的にお掃除してくれる全自動おそうじトイレなどを展示。

さらに、心身ともにデトックスするために、酸素美泡湯の浴槽や心理的にリラックスする照明器具など、美容健康のための商品を提案しています。

イベントとしては、「ハーブティーのいれ方教室」や「韓国料理ＩＨ調理実演」。「断捨離」を目的にしたフリーマーケットなど。

地域の皆さんを巻き込んで、独自性のあるリフォームフェアをやりました。

優勝したのは北九州のショウルームでした。

北九州のチームは、地元の複数の工務店と協力してさまざまなイベントを実施しました。パナソニックのためのイベントというより、協力してくれる工務店の利益につながるようなイベントです。その一例を紹介しましょう。

水曜日がショウルームの休館日なので、その日をある工務店のお客さま向けに貸切にし、その工務店のOB客を呼んで夜のイベントをやりました。

どうして夜かというと、その工務店の客層である30代ファミリー層のご主人・奥さん・お子さんが皆参加できるように、帰宅時間の17時〜21時に実施したのです。

この工務店の常務さんが元バリスタなので、内装は強みであるカフェを基調として、ファミリー全員が楽しんでくれるようなカフェバーのスタイルにしました。

展示してあるパナソニックの製品、アイランドキッチンのトリプルワイドIHで、簡単な料理やドリンクをつくります。

キャンドル演出やジャズの流れる薄暗い空間でのおもてなし。

ドリンクは、ワイン、シャンパン、カクテル、エスプレッソドリンク、珈琲、ジュースを準備。

軽食は、数種のおつまみ、クッキーやケーキなどを提供。

小型エスプレッソマシンを活用し、カフェラテやカフェモカ、ホット珈琲を本格的なバリスタが提供します。

他には「シアタールーム」「ビューティコーナー」「ライブラリ」に区切り、お客さまにさまざまな体験をしていただく……そんなイベントです。

ここに紹介したイベントは一部ですが、皆それぞれ個性的なイベントを展開しました。


集客も通常の1・5倍から2倍以上のところが出てきます。

先ほどの鹿児島のショウルームは、来場組数が150％アップ。

売上も半年前の期に比べて210％のアップだった。

結果的にお得意先（工務店）とエンドユーザーとの関係性の強化につながったのです。


「リフォーム無料相談会」などをやっても、今は消費者のほうが賢くなっているのです。

「無料」と謳っているけれど、すごい売り込みをされ、契約させられる。

そういう懸念があるから足を運ばない。

でも、こういう楽しそうなイベントだったら集まってくれる。

地域やＯＢ客、工務店などを巻き込んで、自分たちでオリジナルのイベントを楽しんでやることで、結果的に売上につながっていく。

優勝した北九州のセールスプロモーターの沖本優子さんは、藤村塾が終わった後にこんなことを話してくれました。

「１度目のミーティングから大盛り上がりでした。

あれもやりたい、これもやりたいと仲間とワイワイ楽しかったです。

今までとはまったく違う、能動的な仕事に対する取り組み姿勢で、本当にアイデアが湧き出てきました。

やらされるのではなく、顧客目線で考えれば必然的に楽しいアイデアが湧き出てくるんですね。

迷ったときは楽しいほうをとればいい。

遊び心はとっても大事ですね」

大きな企業だから、全国すべて同じことしかできないというのは幻想です。
お客さまとの関係性がつくれないというのも幻想です。

そう思い込んでいるだけ。

だからどこにでもある、無個性で均一な店や商品しかなくなっていく。
そんなのは選んでもらえない時代なのです。

各支店・営業所で個性を出し、地域の人たちとつながって、愛される店になっていく。
パナソニックのショウルームを中心にゆるやかな関係性のコミュニティができあがっていく。

そういうことが、大企業でも可能だということが、パナソニックの藤村塾をやっていて感じたことです。

やはりつながりの経済においては、コミュニティ発想をすることが大事なんです。

4 「毎月200人の会員獲得」を生んだお客さま同士のホットな場

先に紹介したゴルフパートナーで、コミュニティを上手につくって実績をあげている店舗があります。川越街道三芳店です。

ゴルファー人口の減少によって、既存店の来店数が減少傾向にある中、川越街道三芳店はなんと約500人も増加しています。

1167人（2009年）→1691人（2015年）

会員顧客も5000人を超え、毎月200人の新規会員を獲得し続けている、優良店舗。

成功の要因は「お客さま同士をつなげるコミュニティづくり」です。

店長の篠原弘次さん（2016年から本部社員）は、前職の保険営業で学んだ「紹介でお客さまをつなげていく手法」をゴルフパートナーで応用したのです。

お客さま同士を紹介し、つなげていくことで、いくつものコミュニティをつくり出し、そのお客さまたちが業績を支える存在になっている。

篠原さんが実践したコミュニティづくりの手法を紹介しましょう。

①ビジネスマッチングでのコミュニティ

たとえば、建築業のお客さまなら、本業にプラスになる足場の業者さんや内装業者さんのお客さまを紹介するという感じ。

こういうビジネスマッチングを繰り返しながら、仕事関係でつながるコミュニティを大きくしていきます。

続けていくうちに、「川越街道三芳店に行けば、誰か紹介してもらえるよ」「新しい仕事につながるかも」という評判が口コミで広がり出しました。

そうすると常連さんが新しいお客さまを紹介したり、知人に商品をすすめたり、店長のために動いてくれるようになってきます。

ある程度のコミュニティに育ったら、ゴルフコンペを開催。

そのコミュニティはお客さま以外のたくさんの人たちを巻き込みながら、篠原さん抜きでも各々でゴルフに行くような関係に発展していくのです。

その結果、仕事もゴルフも、コミュニティの中心が川越街道三芳店なので、競合店に浮気しなくなるわけです。

ゴルフショップを超えた新しい付加価値が生まれたことにより、お客さまが定着し、紹介による新規客も増えて、来店者数が増え続けています。

②火曜日休みのサービス業のコミュニティ

美容師などのサービス業、車のディーラー、司法書士など特定業種のお客さまは火曜日がお休みのことが多いそうです。

こうした業種のお客さまの悩みは、平日が休みのため、一緒にゴルフをする仲間が見つからないこと。

このコミュニティでは「休みが共通」のゴルフ仲間が集まっているので、互いに練習場やゴルフ場に行ったりすることが容易になります。

③練習会

お店が主催して、お客さまを集め「練習会」を開催しています。

練習会のきっかけは、篠原さんがあるお客さまと練習に行った際に、偶然別のお客さまと練習場で一緒になったことにあります。

ふたりのお客さまに対してまとめてワンポイント・アドバイスを行ったところ、お互い知らないお客さま同士だったのに、和気藹々と練習することができた。

「これをイベントにすれば、お客さまと関係性を深められるだけでなく、お客さま同士のつながりも期待できる！」

篠原さんはそう確信して、練習会を立ち上げました。

お客さまからも好評で継続率も高く、今では28人のメンバーが集まり、新たなコミュニティとなっています。

篠原さんは、コミュニティづくりの際に次の6つの点に注意しているそうです。

①5年先を見据えたコミュニティをイメージする
②お客さまを知る前に、自分を詳しく知ってもらう

③コミュニティにつなげるお客さまを厳選する
④四位一体が強いコミュニティをつくる
⑤コミュニティメンバーに対するフォロー
⑥地域ゴルファーに対して「個」を前面に出す

それぞれ見ていきましょう。

①5年先を見据えたコミュニティをイメージする

コミュニティをつくり上げていくことは、短期的な施策ではないので、次のように向こう5年を見据えたゴール設定をしています。

・1年後には100人のお客さまが自分のことを知っている状態に
・3年後には100人のお客さまが何となくつながっている状態に
・5年後には100人のお客さまがそれぞれ勝手にゴルフに行っているような状態に

②お客さまを知る前に、自分を詳しく知ってもらう

お客さま同士をつなげていくためには、お客さまの属性やパーソナルな情報を引き出す

ことが必要です。そのためには、まず自分のことをフルオープンにすることが重要。

短時間で自分のことを知ってもらい、お客さまとの共通の話題を見つけやすくするツールとして名刺の裏側を活用しました。

篠原さんは、名刺の裏に出身地、趣味、得意なことや不得意なことなど、印象深くなるように伝えたいことを手書きで書いています。

そうするとそこから話が広がり、会話が弾むようになるそうです。

③コミュニティにつなげるお客さまを厳選する

コミュニティで大切なのは秩序。

自分の要求だけをしてくるお客さまは、そもそもコミュニティには入れないようにしています。

値引きを強要してきたり、揚げ足を取ったりしてくるお客さまには、常に厳しい姿勢で臨む。お客さまが店を選ぶように、店側もお客さまを厳選し、コミュニティの秩序を保つようにしている。

これはコミュニティを運営していくためにはとっても大切なことです。

お客さまを選ばない店は、お客さまからも選ばれないのです。

④四位一体が強いコミュニティをつくる

「自分・お店・練習場・ゴルフの4つが、全部つながっている状態でないと、真のコミュニティはつくれない」。篠原さんの哲学です。

自分を信頼してもらって、店舗で買ってもらう。

練習場で一緒に練習して、コンペで一緒にラウンドする。

すべてつながっているから、川越街道三芳店に集う。

他のお店に行くことはあり得ない。

4つの点を結んだ状態でつながっていくことで、お客さまとの関係性をより強固なものにしているわけです。

⑤コミュニティメンバーに対するフォロー

篠原さんは、深い関係構築ができているコミュニティのお客さまとは、仕事とプライベートの垣根をなくしてつき合うようにしています。

飲み会もお客さまのお店を使ったり、散髪もお客さまの美容院を使ったり。

もちろん、そこでの仕事も忘れません。たとえば、髪を切ってもらいながら、

「ドライバーの調子が悪かったですよね？　こういうクラブがありますけど、ちょっと打ってみませんか？」

と練習会へのお誘いなどもしています。

休日のほとんどもお客さまとのコンペに時間を費やしています。

仕事だと思っていてできることではないですよね。

「遊びのような仕事、仕事のような遊び」を実践しているわけです。

⑥地域ゴルファーに対して「個」を前面に出す

市のゴルフ協会の実行委員となって、毎回200人以上集まるコンペに全面的に協賛するなど、篠原さんは地域のゴルファー全員に自分を知ってもらうための活動に取り組んでいます。

さらに、ゴルフ協会に参加している地元の名士とも関係を深め、地域ゴルフの発展に向

けた協力を仰いでいます。

もちろん、フェイスブックなどのSNSも積極的に活用しています。

毎週木曜日と金曜日には練習会などのイベント案内を発信。

2000人以上にリーチしているそうです。

すごいコミュニティです。

そして、これはゴルフパートナーだけでなく、どんな業種にも応用できるケースです。

あなたの店や会社に、積極的に落とし込んでみましょう。

「つながりの経済」ではコミュニティが繁盛のキーワードになるのです。

5 恐るべし！　反応率86％！日本郵便が認めた日本一のダイレクトメール

エクスマ塾の塾生で、石川県の山代温泉で23部屋の温泉旅館「宝生亭」を経営している、帽子山宗《たかし》さん。経営が破綻した旅館を引き継ぎ、奥さまである女将さんと共に、数年で大繁盛の旅館に変身させました。

「おなじみさんを死ぬほど大切にする」

温泉旅館が繁盛するためには、おなじみさんが命。

破綻した旅館を引き継いだときに、そういう経営方針に変え、大成功しています。

でも、宝生亭の「おなじみさん」の定義は普通の考えとひと味ちがっています。

お客さまが使った金額や来館回数は関係ありません。

おなじみさんというのは、女将が宴席に顔を出しているご長寿会や町内会、婦人会のお客さまで、かつ女将と仲の良いお客さまを指します。

宴席で、「この人いいなあ」と思ったお客さまと、顔を覚えているお客さまを「ファン」というカテゴリーにして名簿化しているのです。

ロジックより直感。好きか嫌いか。

何度も利用してくれるお客さまでも、イヤなお客や非常識なお客は大切にしなくてもいい。そういう考え方です。

これはサービス業としては、実に正しいことです。

そういうファンの名簿に送ったダイレクトメール（DM）が、旅館業界では考えもつかなかった、革命的なものでした。

宝生亭では、毎年4月が比較的ヒマな時期になります。

そこで常連のお客さまにDMを送りました。

ちょうど北陸新幹線開通のタイミングで、その話に触れ、「宝生亭は北陸新幹線で来る初めてのお客さまではなく、今までのおなじみさんを大切にする」ことを強調しています。

女将の帽子山麻衣さんがDMに書いた文章です。

＊＊＊

北陸新幹線が開通しても宝生亭は、今までのお客様を

北陸新幹線が開通してより一層の集客が期待できるというムードにわいておりますが、

私たちが第一に喜ぶべきは、今まで当館を支えて頂いたお客様にお越し頂けることです。

＊＊＊

そして、そのお手紙の追伸。

＊＊＊

4月はとてもお客様の少ない月ですので、お越し頂けるととても嬉しいです。

子供達の元気な姿を見に来て下さいね。

＊＊＊

さらに宛名が入る表面には、4月のカレンダーが印刷されています。

＊＊＊

4月のヒマな日カレンダーをつけましたのでご参考くださいませ。

5月は連休以外はまだ比較的空いています。

＊＊＊

[図6-1]

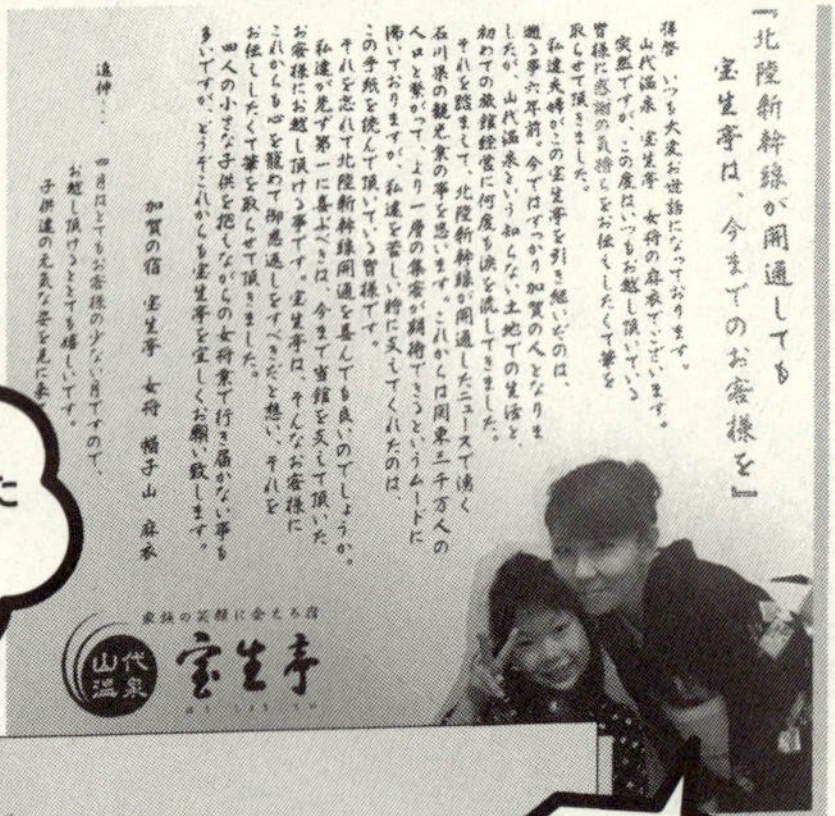
『北陸新幹線が開通しても宝生亭は、今までのお客様を』

拝啓　いつも大変お世話になっております。

山代温泉　宝生亭　女将の麻衣でございます。

突然ですが、この度はいつもお越し頂いている皆様に感謝の気持ちをお伝えしたくて筆を取らせて頂きました。

私達夫婦がこの宝生亭を引き継いだのは、遡る事六年前。今ではすっかり加賀の人となりましたが、山代温泉という知らない土地での生活と初めての旅館経営に何度も涙を流してきました。

それを踏まえて、北陸新幹線が開通したニュースで湧く石川県の観光業の事を思います。これからは関東三千万人の人口と繋がって、より一層の集客が期待できるというムードに沸いておりますが、私達を苦しい時に支えてくれたのは、この手紙を読んで頂いている皆様です。

それを忘れて北陸新幹線開通を喜んでも良いのでしょうか。

私達が先ず第一に喜ぶべきは、今まで当館を支えて頂いたお客様にお越し頂ける事です。宝生亭は、そんなお客様にこれからも心を籠めて御恩返しをすべきだと想い、それをお伝えしたくて筆を取らせて頂きました。

四人の小さな子供を抱えながらの女将業で行き届かない事も多いですが、どうぞこれからも宝生亭を宜しくお願い致します。

加賀の宿　宝生亭　女将　樋子山　麻衣

追伸・・・　四月はとてもお客様の少ない月ですので、お越し頂けるととても嬉しいです。子供達の元気な姿を見に来

家族の笑顔に会える宿
山代温泉
宝生亭

日本一に輝いた
2種類のDM！

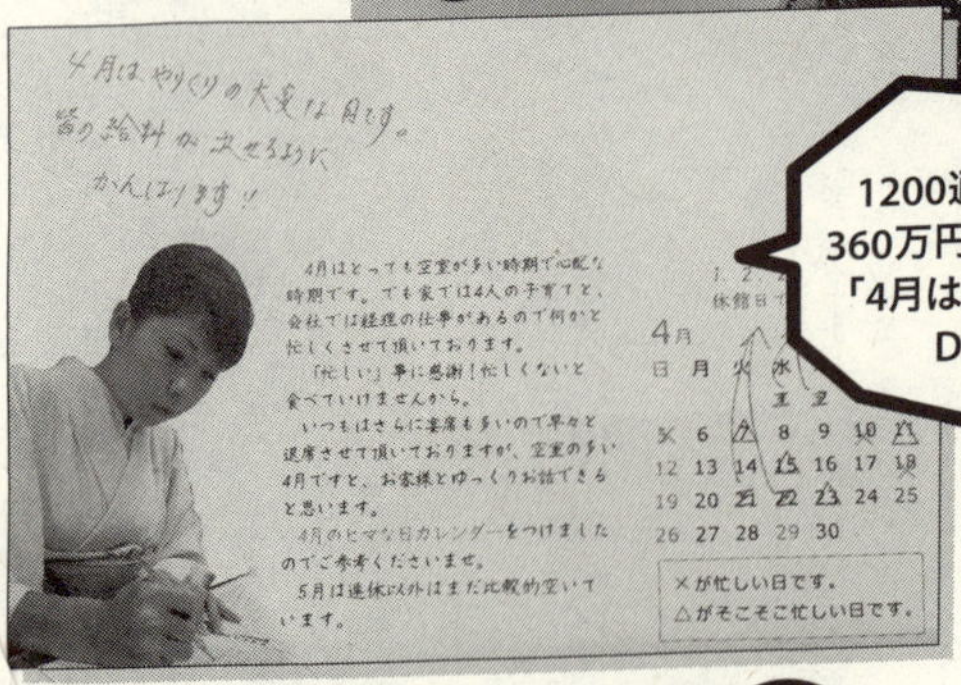
4月はやりくりの大変な月です。
皆の給料が出せるように
がんばります!!

4月はとっても空室が多い時期で心配な時期です。でも家では4人の子育てと、会社では経理の仕事があるので何かと忙しくさせて頂いております。

「忙しい」事に感謝！忙しくないと食べていけませんから。

いつもはさらに来客も多いので早々と退席させて頂いておりますが、空室の多い4月ですと、お客様とゆっくりお話できると思います。

4月のヒマな日カレンダーをつけましたのでご参考くださいませ。

5月は連休以外はまだ比較的空いています。

4月

日	月	火	水			
			1	2		
5	6	7	8	9	10	11
12	13	14	15	16	17	18
19	20	21	22	23	24	25
26	27	28	29	30		

×が忙しい日です。
△がそこそこ忙しい日です。

1200通送って
360万円の売上の
「4月はヒマです
DM」

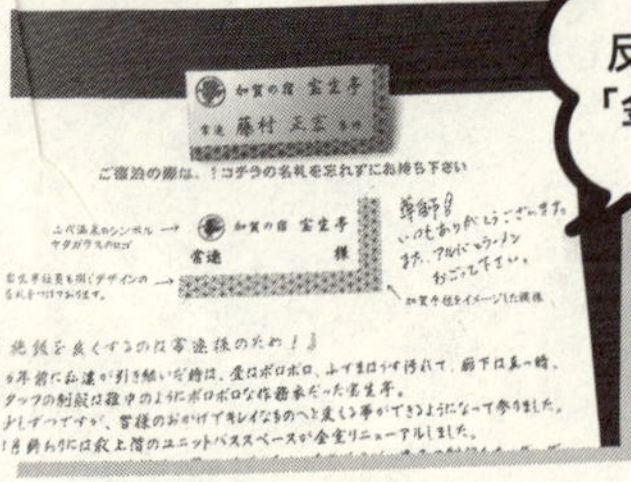

旅館を良くするのはお客様のため！』

6年前に私達が引き継いだ時は、畳はボロボロ、ふすまはうす汚れて、廊下は真っ暗。

タッフの制服は雑巾のようにボロボロな作務衣だった宝生亭。

少しずつですが、皆様のおかげでキレイなものへと変える事ができるようになって参りました。

1月終わりには最上階のユニットバススペースが全室リニューアルしました。

反応率86％の
「金バッジDM」

裏表印刷で21センチ×21センチ。カンタンには捨てられない厚紙でつくっています。女将と子供の写真が印刷されているのでますます捨てにくい。

このDMが届いたお客さまが、壁に貼ってくれるイメージで作成したそうです。

実際、そうしてくれる人が多かった。

1200通送って、その名簿からの4月の売上は360万円ほどになりました。

ご長寿会が多いので、お客さまの人数でいえば、約300人です。

でも、次の4月までで見ると、そもそも仲の良いお客さまなので、半分以上は足を運んでくれたそうです。


もうひとつ紹介するDMは、さらに革命的に楽しく、革命的に反応がよかったものです。

ファンの名簿の中から、直感で選りすぐって「信者客（大常連客）」に送った金バッジDM。これは、宝生亭のスタッフがつけているネームプレートを、大常連のお客さまの名前で特注でつくって、それをお手紙に同封するというもの。

それぞれのお客さまの名前が書いてあり、プレートの肩書もそれぞれ変えてあります。

「あまり来てくれないけど　勝村大輔様御一行」

「フッー　清水雄一郎様御一行」

このDMの反応率が86％でした。

100名に送って86組が宿泊してくれた。

圧倒的な数字です。

宝生亭のDMはすべて、企画からデザイン、制作まで、帽子山さんがやっています。

最後に、入稿データを印刷会社に出すだけ。

広告代理店やデザイン会社はまったく関与していません。

「4月はヒマですDM」も、「金バッジDM」も、お客さまを大事に思い、お客さまの心を知っている人だけにしかつくれないものです。

表面的な発信ではお客さまは反応しない。

そんな時代になってきているのです。

この2種類のDMで、宝生亭は日本郵便主催の「第30回全日本DM大賞」でグランプリを受賞しました。そう、日本一に輝いたのです。

6 「お客さまを囲い込む」。えっ！ まだそんなこといってるの？

あなたを中心として、お客さまのコミュニティができあがったら、これほど強いことはありません。

そのためにどうしたらいいか。

それは役立つ情報や興味深い情報を気前よく発信して、お客さまとコミュニケーションをとって、共感を得ること。

そうしたら、あなたやあなたの会社を中心とした「コミュニティ」ができあがります。

古いビジネスでは、「お客を囲い込む」という言葉をしょっちゅう使っている人がいました。もうそんなことを考えていると、知らず知らずのうちにお客さまから敬遠されます。

囲い込みなんて誰もされたくないし、囲い込もうとするとそれが伝わって、お客さまが逃げていくからです。

企業の意図が、明白に伝わる時代になったってこと。

「無料小冊子を差し上げます」っていっても、その裏にある仕組みがバレちゃってるんです。

これからのビジネスは「関係性」です。

企業が繁栄していくために、お店が繁盛するために、この「関係性」が最重要になってくる。これは真理です。

お客さまと、どういう関係をつくるか？

商品やサービスに、どういう関係性を持たせることができるか？

社会とどういう関係を持っているのか？

これが企業にとって、重要になってくる。

それも企業主語ではなく、顧客主語で構築していかなければならないんです。

7 SNSで理想のコミュニティがつくりやすくなった

コミュニティをつくるとき、気をつけなければならないことがあります。

それは、コミュニティというのは、風通しが悪くなると、澱む場合もあるということ。


長野県の白馬にある「ホテル五龍館」。

社長と女将さんは、エクスマを10年以上勉強しています。

ボクのセミナーや本にもたびたび事例で登場しています。

リピーターがとても多い温泉ホテル。

なぜかというと、おなじみさんやファンの組織「五龍館クラブ」という会員制のコミュニティがあるからです。

外から見ていると、この「五龍館クラブ」は盤石なコミュニティのように思える。

ところが、そうでもないということを知りました。

先日、女将の中村ゆかりさんから、興味深い話を聞いたのです。


「私は『五龍館クラブ』というコミュニティがあるから、SNSはやらなくていいと思っていたんです」

ゆかりさんの話は、そう始まりました。


このクラブは入会金が必要です。

3000円の入会金を払うと、さまざまな特典がついてくる。

10泊したら1泊プレゼントとか、季節ごとに届くニュースレター、スキーのリフト券プレゼントなどなど。ホテル五龍館のファンクラブみたいなものです。

このメンバーたちに、お手紙を書いて新しい宿泊プランなどを紹介すると、反応がよくて、五龍館の売上にもとても貢献してくれる。

毎年、何回も宿泊してくれるお客さまも多い。

女将のファンも増え、「五龍館クラブ」のメンバーも順調に増加していきます。

ある頃から、白馬に外国人の観光客が増えてきました。

オーストラリアの人たちが多くなった。

日本とオーストラリアは季節が逆ですよね。

だから、向こうの真夏にスキーができるわけです。

白馬には雪質がいい大きなスキー場がたくさんあります。

白馬は、オーストラリアで人気になっていった。

もちろん五龍館にとっても、いいことです。

五龍館にも、外国人のお客さまが増えていきました。

ところが、おなじみさんの一部からクレームが出るようになってきた。

「外国人ではなく、私たちリピーターを最優先にしてほしい」

「SNSでの集客はやってほしくない」

「レストランを一般に開放しないでほしい」

今まで応援してくれていると思っていた、深い関係性のお客さまから、そんなことを直接いわれるようになった。

もちろん、全員ではありません。ごく一部のメンバーです。

おなじみさんとしては、昔のほうがよかったということなんでしょう。

でも、五龍館も、世の中の流れや環境によって変わっていかなければならないわけです。

それをきちんと理解できるのが、本当のおなじみさんであり、ファンです。

「風通しが悪いコミュニティは澱むってことを実感しました。コミュニティはリアルだけじゃなくSNSも活用することが大事なんですね」。女将のゆかりさんの言葉です。

お互い負担のないコミュニティ。

ほどほどの距離感があるコミュニティ。

それが、これからのコミュニティの理想の形です。

そして、そんな理想のコミュニティはSNSが登場したことで、つくりやすくなってことです。

つながりで売る!

法則 7

つながりがつながりを生む!

1 SNSで拡散される「遊び心」で集客率150%になったラーメン店

エクスマ塾の塾生で、三重県松坂市でラーメン店を経営している、江村隆史さん。

「博多ラーメン　ばんび（現・麺屋ばんび）」というラーメン店です。

ここの屋外看板がとても面白いものでした。

それは観光地などにある「顔出し看板」。

赤い垂れ幕の中央に、大きな博多ラーメンの画像。

上部にある顔出しのスペースから顔を出して撮影すると、ラーメンの風呂に浸かっているような写真が撮影できます。

これが大当たり。

お客さまが面白がって撮影するわけです。そして、多くの人がラーメンを食べてくれる。

さらにすごいのは（もう気づいていると思いますけど）、それをみんなフェイスブックやツイッターなどに投稿する。これが口コミするんですよね。

[図7-1]

ばんび
顔を出して撮影すると
煮卵などをプレゼントする
特典もつけた！

口コミが口コミを呼ぶ。つながりがつながりを呼ぶ。

そんな感じです。

この看板のおかげで、設置前よりも1・5倍の集客になりました。

集客率150%です。

位置情報も入れられるから、「ばんび」がどれだけ知られるかは、容易に想像できます。

よくできている口コミ装置です。

もともと「ばんび」のラーメンの味には

定評がありました。

「食べログ」などでは常に上位にランクインしている有名な店。

行列もできて、お客さまに待ってもらうことも多い。

待ってもらうのに、退屈させないサービスってなんだろうと考えた江村さん、看板を設置することを思いつきました。

楽しい看板にしたいと思っていたところ、ふと観光地にあるような顔を出せる看板はどうだろうか、とひらめいた。

折しも2011年の春。東日本大震災の直後です。

日本中が元気をなくしていたとき。

「ばんび」に来店してくれたお客さまを楽しませ、喜んでもらうという一途な思いだけだった。

販促物を製作している意図はまったくなかったそうです。

『ゲゲの鬼太郎』の目玉おやじが、湯呑み茶碗のお風呂に入っているシーンを思い出し、ラーメン風呂に入っているような顔出し看板をつくりました。

２０１１年６月に看板を設置後、お客さまがブログに書いてくれたり、フェイスブックやツイッターやＬＩＮＥで投稿してくれたり、一気に拡散しました。

投稿を見て、出張中のビジネスパーソンや観光客も来店してくれるようになった。

それで結果的に１・５倍の集客です。

ＳＮＳを活用するのには、「遊び心」が大切です。

特にＳＮＳをやっている人はいつも「面白い」画像や動画を探している。

いわゆる「ネタ」です。

ネタが面白ければ面白いほど、速く・強く・熱くつながりの中で拡散し、「つながりの連鎖」も起こりやすい。

この看板は専門誌「商業界」が主催する「第１回商業界看板大賞」のグランプリを獲得しました。グランプリ受賞時のインタビューで江村さんはこう語っています。

＊＊＊

自分が直感的に楽しいと感じられるものを目指しました。

必要だったのは、自分が考えたアイデアを「できるかな?」で終わらせないことです。アイデアが出れば、あとはやるかやらないかの決断だけ。

製作にあたっては、専門家に相談すれば意外にすんなり実現できます。

このような発想ができるようになったのは、エクスマの研修を受けてからです。

自分の中にある「お客さまに楽しんでほしい」との思いに気付き、それを具体的な方法にすることを学びました。

今後も自分の目標とする店のイメージを明確に持ち、その具体化に努めたいと考えています。

＊＊＊

「遊び心」で、いろいろなことを考えてみる。

そのときに大事なのは、あなたが「面白い」「楽しい」って思ったことをやってみること。

それがつながりの連鎖を生み、結果的に販促になるのです。

2 思わず検索したくなるネーミングで大繁盛の美容室

美容室の名前は発音がわからない英語やフランス語などの場合が多いですよね。

ああいうのを見ていて、本当にいいのかなって思うことがあります。

読めないし、ルビもふっていない。


それは店舗としては致命的なんじゃない?


そう思います。

発音がわからないと口コミにもなりにくいし、SNSでも拡散しにくいんじゃないだろうか。


「美容室どこに行っているの?」

「えっと、名前なんていうのかわからないけど、○○駅の近くだよ」

これじゃ、聞いたほうはお店に行きたくても行けませんよね。

スマホとSNSの時代は、わけのわからない横文字のネーミングは、不利になります。

常連さんだったら発音や読み方はわかるかもしれないけど、普通はわからない。

ということは、その店の名前は人々の口の端にのぼらないということです。

特に、新規に開店してスタートするときには、これはかなりのハンディになります。

北海道江別市にある美容室は、ネーミングの秀逸さで繁盛している店です。

一度見ただけで記憶に焼きつく。

「美容室秘密基地」

この美容室はエクスマ塾の塾生・平松泰人さんがコンサルティングをしている店です。

車道沿いに、大きなフラッグ看板をつけています。

とっても目立っている。

さらに、「美容室秘密基地で検索」と店のブログにも誘導しています。

ひと目でわかるようになっている。

[図7-2]

運転している人、信号待ちの人も、読みやすいデザインです。

「秘密基地」っていう言葉がすぐに目に入るので、気になって検索する人も多い。

すると、オーナーの渡辺顕弘《たかひろ》さんが書いているブログが出てきます。

＊＊＊

【秘密基地】は予約制で貸切空間なので気兼ねなく過ごせます。

お子様は楽しく待てるようにキッズスペースを広く作りました。

当店のシャンプー台は美容業界のファーストクラスシート☆是非体験してください。

＊＊＊

そして、人柄のよさそうな渡辺さんがお客さまと笑顔で写っている写真とか、どういう思いでお客さまと接しているのかとか、ファーストクラスのシャンプー台とか、そういうことがわかるようになっている。

「秘密基地」という怪しげな言葉からは想像もできない、ステキな店だということがわかるわけです。

そんな秘密基地の販促はどんどん進化しています。

最初は「ブログ+フェイスブック+チラシ」の組み合わせでの発信を考えていました。

でも、お客さまを、小さいお子さんがいるお母さんにより絞り込むことにした。

だから、個人のLINEでつながるようにしていったのです。

SNSは、お客さまになってほしい人がたくさん使っているメディアで発信することが鉄則です。

さらに、エクスマ的なSNS活用の基本は「個人との関係性を深めること」。

なので、店舗用LINEアカウントではなく、個人アカウントでつながってもらうようにしたそうです。

フェイスブックもLINEも、店舗アカウントでやると反応が出ないことのほうが多い。

だって、お客さまは店とは友達になれない。

個人としか関係性を深められないからです。

現在、秘密基地は、チラシを出したりブログを更新すると、ＬＩＮＥでの新規予約が殺到する状態です。

オープンして2年目ですが、オープン以来、毎月最高売上を達成し続けています。

店頭のフラッグ看板やポスティングチラシから、検索でブログを見て、さらにＬＩＮＥでつながる。

「つながりの経済」でのマーケティングの形です。

そもそも美容室のネーミングがわかりにくかったら、こんな流れはつくれない。

やはり、わかりやすい、伝わりやすいものが大事ってことです。

3

つながることでしか売れない時代

――不特定多数ではなく「特定少数」を！

近い将来、「新規客」という概念がなくなります。

「そんなバカな！」って思うかもしれませんが、そんなバカなことが起きるのが現代です。

5年後は誰も予想できなくなっている。

たったひとつのテクノロジーが、あなたの業界に壊滅的な影響を与えることがあるかもしれません。

音楽CDの発明が、レコード針の業界に影響を与えたように。

デジタルカメラの登場がDPE業界を壊滅させたように。

3Dプリンターの登場で危なくなっている業界もたくさんある。

だから「新規客」という概念がなくなることもあると思うのです。

だって、「つながりの経済」になって、友人や知人の発信がすごいメディアになったから。

「資本主義が終わり、『つながりの経済』になる」。本書で一貫して述べてきたことです。

スマホの普及で、人々は24時間365日インターネットにつながっている。

SNSの登場で、人と人がつながりやすくなった。

そして、その「つながり」の中で消費が行われていく。

そういうことです。

そうなったとき、顔も属性もわからない、不特定多数の人の中から「新規客」を集めるのは、とても難しく、無駄な経費とエネルギーを使うことになる。

日頃からつながっている友人や知人とのコミュニケーションの中から、新規のお客さまができる。

あなたのつながっている友人や知人の紹介やシェア、リツイートによって、あなたの商品やサービスを知るということが起きる。

今後ますます、「つながっている特定少数に向けた発信で売れる」という時代になっていきます。

ボク自身の体験をお話ししますね。

ある年の1月、ボクは新刊の書籍を刊行しました。

発売1カ月前に、フェイスブックでアマゾンの予約サイトをリンクして発信。

それを見たエクスマ塾の塾生や、いつもSNSでの発信を見てくれている読者の方が、投稿をシェアしてくれた。

100以上のシェアがありました。

そうすると、塾生や読者の方のお友達、知り合いに伝わっていきます。

その中には、もちろんボクのことを知らない人もたくさんいるわけです。

当時、ボクがフェイスブックでつながっていた人は1万2000人。

シェアしてくれた100人の人が、平均300人とつながっていたとして、300人×100人で3万人。

ひとつの投稿で合計4万2000人に伝わる可能性がある。

そして、これは1次のつながりだけで、です。

その人のシェアがまたシェアされたら（2次のつながり）。

さらに3次とか……、どれだけの人に知られたか。

「つながりの連鎖」、恐るべしです。

結果的に発売前に信じられない冊数の予約が入り、アマゾンだけで、ありえないくらいの数が完売。すぐに重版がかかりました。

販促や広告、ネットでのキャンペーンなんかは一度もやらずにです。

すごい時代だなって思う。

これはボクがフェイスブックで多くの人とつながり、さらにボクがつながっている塾生や友達が、また多くの人とつながっている、その結果です。

このつながりの連鎖が、ボクやエクスマを知っている人以外に、新しい人をお客さまとして増やしてくれている。

まさにつながるというのは、連鎖的に拡散していくということなのです。

すべての業界で、こういうことが起きたら、いずれ見ず知らずの新規客という概念はなくなると思いませんか？　つながらなければ売れない時代になるのです。

4 これからは「遊び心」がキーワードになる♪

昔から、ボクは温泉でビジネスセミナーをやったり、合宿の研修をやったりします。

だって、そのほうが楽しいから。

そして、より効果的になるから。

いつもとちがうリラックスした環境で、ビジネスのことを考えると、素晴らしいアイデアが浮かんだり、とんでもないビジネスを思いついたり、参加者同士にステキな関係性が生まれたり、とってもいい効果があるんです。

「仕事のような遊び、遊びのような仕事」

これからのビジネスのキーワードになっていくでしょう。

商品にいかに遊び心を入れることができるか。

マーケティングのシナリオに、いかに遊び心を加えることができるか。

イベントや店舗環境にどんな遊び心を演出できるか。

そういうことが大切な時代なんです。


すでにインターネットの構造変化が起きています。

どういうことかというと、「コンテンツを見ている時間」より「知り合いや友達とコミュニケーションしている時間」のほうが長いってこと。

企業のウェブサイト（ホームページ）を見ている時間より、フェイスブックやツイッター、LINEやインスタグラムに費やしている時間のほうが長い。

友達の投稿に「いいね！」をつけたり、コメントを書いたり。

誰かのツイートをリツイートしたり、自分でつぶやいたり。

LINEなどでコミュニケーションしたり。

あなたも、そういう時間のほうが多いでしょ？

これは、インターネットの構造が、「コンテンツの時代」から「人の時代」に変わったってことです。

そもそもビジネスは人を中心に行われる行為なのですから、SNSは企業活動に多大な影響を与えますよね。

伝わってますか。

一方で、「SNS疲れ」という言葉があります。でも、ボクはこう思うんです。

「SNSを、楽しくなるまで使っていないんじゃないの」って。

まず自分が楽しくなるくらい、使ってみることです。

そうなれば、あなたがつながっている人にも、きっと楽しさが伝わります。

ここで、誤解してほしくないことがあります。

インターネットの構造が「コンテンツ中心」から「人中心」に変わったといっても、コンテンツはテキトーで雑でいいっていうことではありません。

コンテンツの質を高める努力は、日々していかなければならない。それは当然です。

そして、あなたのブログやフェイスブック、ツイッターなどSNSに発信するコンテンツをつくるときに意識してほしいこと。

それは、あなたのフォロワーたちにとって有益な情報を、「親近感」のある立場で発信するということです。

有益な情報を発信するだけでなく、この「親近感」というのが大切です。
友達と話していてもそう思いませんか。
役立つ情報を一方的に話す人より、雑談が面白い人のほうが、楽しい。

親近感というのは「遊び心」と言い換えることができます。
ますます「遊び心」が大切になってきます。
いかに仕事に遊び心を入れることができるか。
これがこれからの企業の課題になるといっても過言ではありません。
楽しい会社、楽しい仕事。
それを考えてみましょう。

5 なんでもコピーできる時代に、ライブの価値はますます高まる

SNSやインターネット上のコンテンツが溢れて、なんでも複製できる時代になりました。

音楽も動画も小説も、カンタンにアクセスできて、誰もがすぐに見ることができます。

有料、無料に限らず、膨大なコンテンツが複製され、毎日配信されている。

人類史上、こんなにも複製技術が発達して、消費者がその恩恵を受けられる時代はないというくらい。

学校の授業も、ただ知識やスキルを学ぶだけなら、ネットの動画で十分理解できる。

というか、学校で教えてもらうよりもわかりやすく、楽しく教えてくれる動画もある。

そんな時代だから、複製できないライブの重要性が高まっています。

複製技術が発達すればするほど、複製できないものが価値になるのは、当然のなりゆきです。

ライブや演劇、落語など、生のパフォーマンスがたくさん人を集めています。
チケットがなかなかとれないものも多い。

ビジネスにおいても、ライブというのはこれから重要な価値になっていきます。
あなたのビジネスに「ライブ」という考え方を取り入れてみることは、検討に値するはずです。

リアルの空間で、コミュニケーションができるというのは、ますます需要が増えていくでしょう。

店舗で商品を手にとってみることができ、試着や試食、試乗などができる。
リアルの人間が相談に乗ってくれる。
アドバイスしてくれる。
楽しい時間が過ごせる。

それは、偉大なる価値です。

6 「傷つく子供がいなくなるように」……教育界にもエクスマが導入された！

少年犯罪や、いじめによる自殺など、少年が巻き込まれる悲劇的なことがたくさん起きています。

そんな中、北海道旭川市にある北海道旭川工業高等学校の「絆ネット」という独自の取り組みが、全国的にも注目されています。

さまざまな少年事件は、大人に相談できるシステムがなかったことが要因になっている場合が多い。

この「絆ネット」は、安全・安心ネットワークとして学校が運用している、公立高校では非常に珍しいシステムです。

「その悩み、解決します」

これが絆ネットのパンフレットやポスターのキャッチコピー。

それに続けてこう書かれています。

＊＊＊

イジメ、部活、将来、トラブル、どんな小さなことでも力になります。
秘密厳守、ここにメールして！
24時間受け付け中。

＊＊＊

ひとりで悩みを抱えないで、相談することで、いじめや犯罪に巻き込まれる前にそれを阻止する。

２０１３年7月に、同校の生徒指導部がメールを使った相談窓口として開設しました。24時間、受け付けをしていて、相談メールを受けると秘密を厳守しながら個別に対応しています。いじめの発見につながったり、警察署との連携で暴力事件を未然に防いだり、成果をあげています。

そもそも「絆ネット」誕生のきっかけになったのが、エクスマだったのです。

北海道旭川工業高等学校の体育教諭で生徒指導部長だった岩岡勝人さんが、２０１１年の春にボクの講演を旭川で聞きました。

「これはビジネスの話だけど、教育にもとっても役立つ」

そう思ったわけです。

そして、エクスマを教育に活用することをその場で思いつき、すぐに行動したんです。

たとえば……、

「モノを売るのではなく、体験を売る」を教育の現場に落とし込んで考えた。

「モノ＝勉強」

「売る＝教える」

「体験＝笑顔」

「売る＝提供する」

だから、自分の仕事は、「勉強を教えるのではなく、笑顔を提供する」こと。

そしてエクスマの真理を学校で実践していくようにした。

「価値を相手に伝え、行動を促す」

「発信し続けなければ意味がない」

「（生徒との）関係性が重要」

「忘れられない努力をする」

「価値を伝えるコミュニケーション」

「伝えるためには言葉が大事」


そういう取り組みのうちに構築することになったのが、「絆ネット」だったんです。

実際にたくさんの成果をあげています。

「他校の生徒に呼び出された。ボコボコにされるかもしれない」

こんな相談があった際に、警察と連携してトラブルを未然に防いだこともあります。

結果、暴力や万引きなどで個別指導を受ける人数が、「絆ネット」開設の前と後では8分の1まで低減しています。


「生徒指導っていうと、厳しいペナルティや処罰をするイメージがありますが、本来の仕事は、子供たちの安全・安心を守り、自ら生活できる力を身につけさせることなんです。そのためには関係性、子供たちとのコミュニケーションがなければ、生徒指導は成り立たないのです」。岩岡さんの言葉です。

「子供たちとのコミュニケーションなくして教育は成り立たない」

北海道旭川工業高等学校では、生徒と教諭の関係性を築くことの努力をしています。

そしてこの活動が、全国的に注目されるようになります。

「絆ネット」を知った宮城大学准教授の宮崎良徳さんが「これは全国の学校でやるべきことだ」と思い、法人組織化を呼びかけ、いじめによる子供の自殺防止に取り組むNPO法人「学校の底力」が設立され、現在では全国規模で広がっています。

NPO法人「学校の底力」は宮城県仙台市に本部があり、理事長に岩岡さん、副理事長に宮崎さんが就任。

「絆ネット」の手法を取り入れ、申し出のあった全国の小中学校にポスターを送り、各校が独自にメールアドレスを設置、教員が子供からの相談に応じる仕組みになっています。

学校だけで対応が難しい場合は、岩岡さんや宮崎さんがスカイプなどを活用して、直接アドバイスする。そういう活動をしています。

「日本中からいじめと自殺をなくしたい。いじめが起きる前段階をいち早くキャッチし、子供との関係性を築くことが大切です。エクスマの考え方が世の中に普及することが、いじめと自殺がなくなる近道だと実感しています」。岩岡さんはこう話してくれました。

いじめられる子がいなくなる。傷つく子供がいなくなる。

そういうコトに少しでもエクスマが貢献できているって、何だかうれしくなりました。

悲しい思いをする子供やいじめられる子、いじめる子が、少しでも減って、子供たちみんなが笑顔で過ごせる社会になる。

たくさんのつながりの中で、エクスマが、ビジネスだけではなくいろんな世界に汎用性があるのだと実感した事例です。

7 戦わないことが最高の戦略。SNS時代は会社の人柄が重要

もう十数年ほど前になりますが、「日本一の吊り橋」が話題になりました。
20億円ほどの総事業費がかかっている。
観光客に来てもらいたくて、地域振興のためにつくったものです。
この橋、テレビで観ました。
確かにすごい。

景観は素晴らしいし、高さは恐ろしくなるくらい。
テレビでは、たくさんの人たちがこの吊り橋を渡っていました。
九州の山間部に、九州全土から、さらには山口や広島方面から渡りに来ています。
その光景は、都会のラッシュアワーの駅のようです。
当時、役所の人が笑顔でこういっていました。

「橋のおかげで、町の観光客が増えて、宿泊客も増えます」

そういう目論見。

そして、その吊り橋を渡るための通行料が500円。


渡った先には何があるのか？

役所の人はこういった。

「なにもありません」


えええっ！　ただ渡るだけ？

ということは……「吊り橋形展望台」っていうことですよね。


え？　え？　え？

これって、どうよ？

だって、渡るだけですよ。

それだけで、500円。

一度は行ってみる人はたくさんいるでしょう。

現に、入場者数は予想を上回って好調なようです。


でもね、集客施設の命は「リピーター」です。

渡るだけでほかには何もない。

毎年リピーターが増えていくとは思えません。

町に滞在してくれる人が増えるとも思えません。


「日本一」というのは結局スペックです。

すぐに真似される。


どうして、スペックの日本一を目指すのでしょう。

「日本一の○○」というネーミングが欲しくて、スペックの日本一を狙ったとしましょう。

スペックですから、ほかのところが1センチでも長い吊り橋をつくったら、それでおしまい。

実際、ボクがテレビで見たこの吊り橋も、もう日本一じゃない。

数年後、ある地方にこの吊り橋よりも10メートル長い吊り橋ができて、日本一とはいえなくなった。そして、今、日本一の吊り橋だって、もっと長い吊り橋ができたら、日本一じゃなくなる。イタチごっこです。

ビジネスをしている人も、「一番」が大好きだったりしますよね。

確かにビフォーSNS時代には、一番化を目指すのは効果的な戦略ではありました。一番化戦略、地域一番店などなど、昔は有効でした。

でも今は、一番化戦略がマイナスに働く時代です。

ある温泉街で、あるホテルがやった一番化戦略があります。

その温泉ホテルは、地域で一番大きくて、一番施設もよかった。

宿泊サイトでも人気で、たくさんのお客が来ていた。

そこで考えたんですね、そこの社長。

「ウチにはこれだけたくさんのお客が来ている。

でも、みんな外に行って、おみやげを買ったり、遊んだりしている。
そうか！ このお客をみんなウチの施設で消費させればいいんだ」
なんと、ホテルの玄関を温泉街とは逆の方向につくった。
お客さまは、みんなホテルの中で消費するようになった。
戦略は成功しました。
客の消費単価があがり、お客さまも満足した。
ほどなく、他の大きなホテルもその真似をし始めたんです。

そうすると、どういうことが起こったか？

温泉街に人が流れなくなって、街がすたれてきた。
すたれた温泉街は魅力がなくなる。

どうなるか？
観光地としての魅力がなくなってしまった。

結果、団体客も来なくなって、ホテルもドンドンつぶれているんです。

もう、昔の面影はなし。

いいお湯の、いい温泉だったのに。


一番化戦略っていうのは結局、「自分のところがよければいい」という戦略なんです。

「自分さえよければ、他がつぶれたって、誰かが不幸になったってかまわない」

そういっているようなものです。


あなたはそんな会社の製品を買いますか？

そういう企みが見えるお店に行きますか？

SNS時代では、そういうことがすぐに見透かされる。


「つながりの経済」では企業の人柄が重要な時代です。

競争から、協調する時代へ。

観光ホテルであれば、自分の街のことも考える。
街の賑わいをなくさないために、温泉街を魅力的にする活動を率先してやったりする。
街の文化を保護し、それを継承させる活動をすることで、街の魅力をより強くしていこうとする。
自分の街をより魅力的にすることが、自社にとってベストだということを知っているからです。

人々は、あなたの会社の態度をじっと見ています。
そして、何かあればつながりの中でそれを拡散していきます。

だから競争をするのではなく、独自の価値を創出して、お客さまに選んでもらえるようになることが、成功への早道なんです。

「戦わないことが、最高の戦略」

人々の心を動かすのは、あなたが手間をかけて紡いだ、つながりなのです。

8 そこに「愛」はあるか？

「はじめに」で紹介した、短パン社長こと奥ノ谷圭祐さん。

彼はアパレルメーカーの社長ですが、テレビ番組のオファーがたくさんあります。

フジテレビにレギュラー番組を持つほどになった。

こうした出演依頼も、奥ノ谷さんのブログやSNSでの発信がきっかけです。


ハンパない影響力になってきている。


彼が、自身でプロデュースしたプレーンなTシャツを、フェイスブック上でアップするだけで、1枚6500円の商品が一瞬で800枚以上売れたりする。

そんな人、あまりいませんよね。

SNS上で影響力をアップさせるポイントを、奥ノ谷さんの行動から考えてみました。

3つあります。

①誰に発信しているかが明確

「誰か」を思い浮かべて発信しているってことです。

その人に役立つことを発信。

その人が喜ぶことを発信。

「これって役立つの？」「これって面白い？」「これは好きかなあ？」——いつも第三者的な目線で自問自答しながら発信することで、影響力は増していきます。

②継続的な発信

奥ノ谷さんは、毎日ブログを書いています。

フェイスブックの発信も日に2～3回はしている。

ツイッターのツイートも日に10回くらい。

継続的に発信することで、信頼感を増し、リピーターを増やしているんです。

SNSで発信する行為は無料です。

ある意味、誰にでも平等に与えられている権利なわけです。

やらないのは、もったいないことだと思います。

③情熱がある

奥ノ谷さんの発信を見ていると、本当に情熱を感じられます。

お客さまや読者に対する、熱い思い――「情熱」を惜しみなく出しているんです。

時に熱すぎて、ウザくなるときもあるほど（笑）。

でも今の時代、経営者自らがこれだけ「熱」を持ち続け、それを表現しているのは珍しいことです。


ビジネスにおいても、人生でも、影響力はないよりもあったほうがいいですよね。

もちろん、影響力が大きくなると、批判もたくさん出てきます。

それは覚悟しなきゃならないことです。

でも、世の中をよくするため、人々を仕合わせにするためにビジネスをやっているんですから、影響力を持ちましょう。


あなたも、継続的にお客さまに喜んでもらえる発信をしましょう。

それが「つながり」の連鎖を生んでいくんです。

こうして奥ノ谷さんの話をすると、「再現性がない」っていう人がいます。

再現性っていうのは、その人だからできるのであって、他の人は真似できないってこと。

表面的なことを見ると、確かになかなか難しく思えます。


でもね、やっていることの本質を見つめることが大事なんです。

毎日、ブログやSNSで発信をしている。

面白いニュースレターやDMを届けている。

お手紙を書いている。

これって、文字が書ければ不可能じゃないですよね。


さらに、セミナーの講師をやっている。

小売店に売上を向上させるためのアドバイスをしている。

これだって、できる人は少なくないと思う。

そして、奥ノ谷さんがやっていることのすべての根底に、愛情がある。

ボクのフェイスブックの投稿に彼が書いてくれたコメントです。

「洗練されたマーケティングってよく分からないっす（笑）。

それよりも目の前のお客さまをひたすら喜ばせることを継続してきた結果です」

これって、誰でもできることじゃないですか？


マーケティング的にどうとか、自分のブランドを売るためにとか、高度なコミュニケーション・デザインをするとか。

そんなことを狙ってやっているわけじゃない。

目の前のお客さまのために、自分ができることをやっているうちに、結果的にハンパない影響力が生まれ、結果的に商品が売れたわけです。

だから、誰にでもやれること。


もし、あなたが思うようにできていないのなら……、まだまだ発信が足りないのか。

伝えたいことを見つけていないのか。

つながっている人が少ないのか。

ちゃんとコミュニケーションしているのか。

それを確認してみることです。


そして、継続することです。


当たり前のことを、ただ当たり前に続けること。

飽きずに根気よく、周囲の人のために続けていると、結果はついてきます。

誰も見ていないと思えるかもしれませんが、必ずあなたの一途な姿を見ている人がいるのです。

つながりで売る!

法則

8

お客さまではなく ファンをつくろう!

1

お客さまからファンへ

お客さまではなく、ファンをつくろう。これが「つながりの経済」のテーマです。どんな会社でも、どんな業態でも、どんな人でも、コミュニティをつくり、お客さまをファンに変えることです。

コミュニティがなければ、ファンがいなければ、ブランドも会社も長くは続きません。人々は、自分が共感する企業を応援したいと思っているし、何かを買うのなら、同じ価値観の会社から買いたいと思うものです。顧客とつながること、仲間になってもらうこと。顧客との関係性を築けるように、SNSを使いこなすスキルを身につけることです。

文庫化にあたり、この章はすべて書き下ろしました。塾生の最新事例と、SNSが新たなステージを迎えていることを話していきます。SNSをもっと楽しく使いこなしていきたい人はもちろん、SNSをやっているけれどビジネス活用の観点でちょっと停滞している人、SNSが会社で規制されているビジネスパーソンにも役立つことと思います。

2

「風」を体感しているか

ビジネスでの連絡はフェイスブックのメッセンジャーがほとんどで、いわゆる「メール」は使わなくなった。ニュースを知るのはツイッターが多くなっている。そうした人も多いはずです。一般の消費者がSNSをフツウに使いこなす時代になってきた。

人々が今、SNS上で何を語り、何に興味があるのか?

自分の業界が、どこに向かって、どうしようとしているのか?

なぜ消費者は企業の発信を見ないで、友人や知人の情報で消費するのか?

そんな「風」を感じることができなかったら、自分の進むべき道を判断できません。

そして、それは論理ではなく、「体感」することでしかわからないのです。

自分でSNSにどっぷり浸かってみることが大事です。

使わなかったら、個人でも損をするような時代にますますなっています。

3 仕事の中でSNSの優先順位を上げよう

膨大な消費が「つながり」の中で起きるということを認識した多くの企業が、SNSをやっている人たちを取り込もうとして、ツイッターやインスタグラム、ユーチューブなどで公式アカウントを立ち上げ、発信をしました。

でも、うまくいっているところは少ない。

ボクの周囲にも、始めたけれど活用できていない会社が多くあります。続かなくて、もうほとんどやっていないような状態のところもある。

そんな会社の経営陣に聞いてみると、「SNSの必要性は感じていますし、やらなければならないと思っています」。みんなそう答えるのです。

どうして必要だと思っているのに、続かないのか。

それは簡単にいうと、実のところそんなに必要だとは思っていないからです。そう、優先順位が低いってこと。

SNSが個人の消費に影響を与え、SNS消費という新しい消費が生まれ、GDPにも影響を及ぼしつつある。だから我が社でもSNSを取り入れよう。

そう判断し、担当を決めたりコンサルタント会社に入ってもらったりして、企業SNSを始める。

その後、半年くらい経ってもあまり成果が出ない。

集客や売上にちっともつながらないじゃないか。費用対効果はどうなっているんだ……とネガティブな空気が社内に立ち込めてくる。

経営陣がもともとやっていない。おまけにSNSのコンサルタント会社も、担当者はSNSの知識はあるが、個人で使い倒すくらいまでやっているわけではない。

社内のSNS担当者も「仕事」と思ってやっているから、当事者意識が薄い。そうすると、SNSの世界の空気感がよくわからないし、勘も働かない。

そのうちツイッターなどの投稿がちょっと批判されたりすると、炎上にビビって消極的になってしまう。

やっぱりテレビCMや広告のほうがいいということになり、SNS関係は、仕事の優先順位としてはドンドン低くなっていく。そんな光景が目に浮かびます。

そもそもどうして効果が出ないのか。

それは、正しくやっていないからです。

まずSNSを使う目的は販売促進だと思わないこと。CMやチラシ、カタログと同じだと思っていてはダメです。

あなたの会社や商品、そしてあなた自身に関心を持ってもらい、その人たちとつながり、コミュニケーションすること。あくまでもそれが第一の目的なのです。

関係性を構築することを考えましょう。

「そんなに悠長なことといっていられない」。そう思う人がいるかもしれません。

でもね、正しく使うとSNSは即効性もあるのです。

効果が出ない人は、行動していないか、間違った使い方をしているのです。

4 わずか1年で最高益を達成。SNSは即効性がある

SNSを通じて既存客とつながり、役立つ情報を発信していく。

それが拡散して、結果的に新規客が増える要因にもなっている。

日常的にスマホを使う人たちが増えている時代ならではのビジネスの好例を紹介しましょう。

覚悟を持って始めた発信には即効性があることの証左でもあります。

名古屋市内で美容サロンを2店舗とオーガニックマッサージオイル専門店を経営している、伊藤みゆきさんです。

新規客が激減し、売上がみるみる下がっていく。あと半年この状況が続けば倒産する。

彼女がボクの本と出会ったのはこんなときでした。その後、2017年1月、エクスマのセミナーに初めて参加しました。

それまでいろいろな勉強会や業界団体の会合に参加しても、気持ちにフィットせず、自

分の居場所ではない感じがしていたそうです。でも、ここなら自分の居場所がある。そう思い、すぐに塾への参加を決めます。

塾での学びの中で伊藤さんは、既存顧客を大切にしていなかったこと、新規客の獲得ばかりにとらわれていたこと、ＳＮＳでのつながりの重要さに気づきます。すぐにインスタグラムとツイッターでの発信に真剣に取り組むことにしました。

なかでも力を入れたのが、インスタグラムのストーリーズ（24時間で消滅する投稿）のマッサージ動画。伊藤さん自身が自分の身体と顔を使って、１日の終わりにマッサージをする動画を毎日、更新していきます。

エステのプロですから、正しいケアができる。この視聴者が増えていきました。ツイッターでもそうした動画を投稿して人気になります。

今ではその動画や発信から、オーダーメイドでお客さまに合わせてつくるオーガニックマッサージオイルがたくさん売れるようになった。

たとえば、クリスマス時期につくったオリジナルオイル１００本。

クリスマス限定として11月１日の昼12時に予約を受け付けることにしました。

しかし当日、突然、告知をしたわけではありません。予約受付の6日前からインスタグラムのストリーズでカウントダウン。お客さまの期待が高まり、価格を発表していないにもかかわらず、注文のダイレクトメッセージが多くありました。

そして、発売日である11月1日の12時に1本、1万2600円で予約受付を開始して19時に完売。

7時間で126万円の売上です。販促費や営業経費はゼロ。

発送後もたくさんのお客さまがSNSにアップしてくれます。

SNSだけで売っているのですから、お客さまはみんなSNSを普通に使っている人たちです。それでまた情報が拡散されて、1本7344円の通常のオイルが売れていきます。

クリスマス限定オイルがお客さまに到着する日の夜には、男子禁制でインスタライブを行いました。感謝の気持ちを伝えるのと、限定オイルについて皆と情報共有するのが目的です。

購入者向けの配信ですが、購入していない人も見てくれて、その後、通常のオイルが売れていくいい循環が生まれたそうです。

エクスマを学び、SNSでの発信を続けたことで、物販部門にかけていた広告宣伝費や販促費が1年で1600万円減りました。

マッサージオイルや化粧品などの物販はそれまでサロンのお客さまだけが対象だったのが、SNSを使い全国に販売できるようになったので、その分（SNSでの物販）だけでも年間1000万円以上のプラス。かつ「経費ゼロ」です。

倒産しかけた会社が、SNSでの真剣な発信を始めた翌年に最高益になりました。わずか1年でこれだけの効果があったわけです。

最高売上・最高益を達成したとき、伊藤さんからこんなメッセージをもらいました。

＊＊＊＊

表面的にSNS活用ノウハウを知ったところで、本質を理解していなかったら今の成果はないと断言できます。

自分の考えをそのまま発信し、仕事でも個性を表現していくことで、それが世界観となり独自化へとつながる。

入塾前までは、頑張って頑張って頑張って……と利益を追い求めていましたが、今はエクスマに出会い、塾で体験した「エクスマの本質的な部分」を一番大切にしています。

多少キツいときもあるかもしれませんが、自分の想いに正直な発信をしていくことで毎日楽しくお仕事ができていますし、何より自分らしい表現ができていると思います。

しかも、それによって私の世界観に共感してくださるお客さまがたくさんできました。

今後はますます楽しく、より自由にチャレンジしていきたいと思います。

〝心の改革〟ができたことで、考え方も行動もいろいろなことが一気に変わっていきました。

それこそが私には何よりも必要で価値があるものだったと思います。

＊＊＊＊

ＳＮＳには即効性がない。

そんなことをいっている人は、覚悟を持ってやっていないのかもしれません。

業務の中でＳＮＳの優先順位を上げ、もっともっと行動することです。

5 公共事業中心の土木会社がSNSをどう活用しているか

ＳＮＳの話題はとかくＢ ｔｏ Ｃの業種になりがちですが、Ｂ ｔｏ Ｂの企業だってうまく活用したら成果が出ます。

公共事業が中心の業種でＳＮＳをとても上手に活用している会社を紹介しましょう。

石川県小松市の土木会社、株式会社江口組。大正10年（１９２１年）創業の老舗です。

小松市内を中心に、道路、橋、川の堤防や分水路などのインフラ整備をしています。

経営者は江口充さん。江口組の４代目です。

３Ｋ（きつい、汚い、危険）と悪いイメージが先行する業種であることや高齢化による技術者不足に悩んでいた江口さんは、あるときボクのセミナーを体験します。

「みんな楽しそうに働いてるなぁ」

「経営者の人も、みんな社員と仲がいいなぁ」

自分も社員と仲良く楽しく働きたい、土木のイメージを変えたい。そう思いエクスマを勉強し始めます。当初、ＳＮＳの活用や販促のスキルだけを学ぶ場と思っていた塾ですが、仕事や生き方の本質に徐々に気づいていったといいます。

当時、江口組は採用活動に苦労していました。募集しても応募してくれる人がほとんどいなかったり、採用しても1年も続かず退職したり、そんなことの繰り返しでした。

そこで採用活動のパンフレットに、社長自ら顔を出し、思いや価値観を伝えるようにし、社員たちも顔と名前を出して仕事の内容や働いている様子、会社の雰囲気を伝えました。

同時に、江口さんは、社員に任せるのではなく、経営者である自分がＳＮＳでの発信と**コミュニケーションをすることを決意します。**

自分自身の好きなことや、江口組がどんな会社でどんなメンバーがいるかを発信する。自分が楽しんでやる。とりあえず続ける――そう心がけたそうです。

江口さんのツイッターを紹介しましょう。

＊＊＊＊

会社から片道1時間以上もかかる現場やけど、２人ともいい顔して道路造ってました

〜！　電気も水道もない、まして携帯は電波届かない、小松市の端っこ。大変な現場環境やけど、しっかりと頑張ってくれている社員がいるって有難いし嬉しいことです。熊や猪に気を付けてがんばってね〜!!　#現場監督

＊＊＊

社員の働いている様子、江口組が手がけた観光名所の橋の清掃を社員みんなでやったこと、江口さんが好きなカレー店、そんな発信を続けました。

さらに土木や建築を勉強している高校生や大学生とつながろうと、ツイッター検索で地元の学校名――「小松工業高校」「金沢工業大学」「石川県立大学」「小松大谷高校」等――を入力し、該当する学生を見つけます。そして本人とその周囲の人たちをフォローしていきました。

学生側は「地元企業・江口組の社長からフォローされた」ということで、江口さんのツイートを見始める。

見ているうちに「江口組って楽しそう」「社員のみんなが優しそう」「社長はカレー好きなんだ」「なんだか面白そうな会社」ということが伝わっていく。

そして江口さんと学生たちとのコミュニケーションが始まります。

採用活動をすると、応募してくれるのは以前からつながっている学生たち。ツイッターで社風や社長の人柄が伝わったことで応募も増えます。

結果、いい学生を採用することができる。

ここ数年は新入社員と入社する前からつながっていて、すでに江口さんのことや江口組のことをよく知っているという状況です。

SNSは採用活動にも、とても役立つのです。

さらに、SNSは裏方の仕事に光を当てることにもなります。

小松市は冬場は雪が多く、雪かきの仕事も江口組の仕事です。でも、あくまで裏方ですから、そのことを知る人は少ない。そこで、雪かきが終わった翌朝、江口さんは会社のフェイスブックにこう投稿しました。

「今朝子供たちの通学の様子を見てほっと一安心」

すると、それが拡散し、地元の人からコメントがたくさんつきました。

「昨日、頑張ってましたね。おかげで安心して今朝子供と小学校に行けます」

「今回の豪雪で建設業者さんのご苦労がよくわかりました。早く天候が安定するといいですよね」

「除雪ありがとうございました。雪かきで体痛めませんように」

今まで雪かきはどこの会社がやっているのか、皆、わからなかったわけです。市役所がやっているのだろうくらいにしか思っていない人が多かった。

でも、SNSで地元の人とつながっていると、発信することでこんなに感謝がもらえる。行政の人も江口組のSNSを見ていて、こうした市民の声を喜んでいる。

SNSで発信したことで、市民や行政から喜ばれ、優秀な人材も集まり、社内もとてもいい雰囲気になった。

「きつい、汚い、危険」の3Kが、「感動、感謝、貢献」の3Kに変わったのです。

6 「SNSはヒマな人がすることでしょ」からのV字回復

新潟で美容商材の商社を経営している株式会社日向の鳥辺康則さん。自社の売上が8年連続下がる状況の中で、お客さまからSNSのセミナーを勧められました。

正直、彼は、SNSで発信している人はよっぽどヒマな人だと思っていた。だから、お客さまのお誘いもゆるく断っていたのです。しかし、そのお客さまが再三セミナーを勧めてくるので、仕方なく参加したのが、エクスマ塾生の平松泰人さんのSNS講習会でした。

5時間のセミナーを受講した鳥辺さんは衝撃を受けました。

ブログやSNSでの発信により、お客さまとの関係性を構築することができる。新規のお客さまへのアプローチもできる。それもほとんど経費がかからない。実際にうまくいっている人がすでにたくさんいる。

当時、鳥辺さんの会社は、年間のニュースレターとダイレクトメール（DM）に、1億円以上の経費をかけていたのです。その日から、鳥辺さんは毎日ブログを書くことを決意し、フェイスブックのアカウントもつくって発信し始めました。

その後、何度か平松さんのセミナーに参加していく中で、毎回「エクスマ」というワードが出てくるので、気になって調べたそうです。そして、より深く学ぼうと入塾を決めた。

塾で驚いたことは、今まで自分が学んで実践してきたビジネスの考え方と正反対だったこと。たとえば、「オンとオフを分けるな」「迷ったら楽しいほうを選ぶ」なんてこれまで聞いたことがなかった。本当にこれで売上があがるのか、と少し不安になったといいます。

でも、もうやるしかない状況だったのですべて実行していきます。

鳥辺さんは仕事柄、全国各地に年間200日くらい出張します。

これまでは、「出張で来たのだから」と一切観光などしたことがありませんでした。

しかし、「経営者は芸術や文化に触れることが大切」というボクの言葉に共感し、出張の際には、積極的に各地の文化に触れるようになりました。

たとえば、過去に20回以上も鳥取県に出張しているのに、鳥取砂丘を一度も見たことがなかった。でも、足を運んでみた。

温泉が好きなのに、これまでは温泉地でもビジネスホテルに宿泊していた。それが温泉旅館に泊まるようになった。

もともと美術館も好きなので、地方の美術館にも足を運ぶようにした。

そんな出張先で楽しんでいることを、SNSにどんどん投稿するようにしました。

最初は同業者からの批判のメールや書き込みもたくさんあったそうです。

でも、とにかくやり続けた。

漫然と書いていたブログは、**誰に対して、何を伝えて、どう行動してほしいのかを意識し、内容を変えた。**すると、半年くらいしたときから、ブログの内容をシェアしてくれるお客さまやコメントをくれるお客さまが増えてきた。

SNSの発信も、フェイスブックだけでなくツイッター、インスタグラム、ピンタレストなどを活用して、好きなことや仕事、そして主催する講習会風景などを毎日発信するようになった。

講習会というのは、美容師さんや美容関係者を対象とした無料のもので、そこで自社の商品を紹介します。この講習会の集客数が、彼の会社の売上に直結するのです。

SNSで楽しい発信を続けるうちに、講習会に参加してくれるお客さまが3倍以上に増えた。

講習会そのものも、会議室でばかりやるのではなく、大好きな温泉旅館や沖縄の久高島《くだかじま》、熊本の天草での合宿セミナーや、屋形船を貸し切っての納涼セミナーなど、楽しい内容のものもたくさん開催していった。結果、新規のお客さまからの問い合わせも2倍以上になりました。

多額の費用をかけて出していたDMやニュースレターは一切なくしたにもかかわらずです。

気がつけば、塾を卒業して1年後には、売上が前年比で121%になり、粗利益も119%上がった。

SNSでの発信を続けることで、売上は現在でも好調に推移しています。

7 年間の売上の80％をインスタグラムでつくる工務店

兵庫県相生市《あいおい》に、新築のデザイナーズ住宅を販売している有限会社ひまわり工房という工務店があります。この会社で、住宅設計士として家づくりに従事するのが東沙織さんです。

東さんはエクスマ塾に入り、毎日ＳＮＳでの発信を継続するようになった。特に力を入れて発信しているのが、写真や動画が中心のインスタグラムです。

もともと写真の撮影が好きだったこともインスタグラムを選んだ理由の１つでした。そこに自社が手がけた物件をアップしました。センスのいいデザイナーズ住宅ですから、いわゆるインスタ映えするわけです。

そして、特記すべきなのはインスタグラムでのライブ配信。

ライブ配信というのは動画の生放送で、スマホがあれば誰でもできます。

実は東さんは、子供の頃からラジオの深夜放送が大好きでした。ＳＮＳでラジオのパーソナリティのようなことをやりたいと思い、家づくりの専門知識や知恵を動画で発信し始めました。

毎週金曜日の夜10時からがライブ配信の時間です。

「暮らしの知恵ネタＬＩＶＥ」と題して、東さん自身が登場し、家づくりのさまざまな疑問に答えたり、暮らしに役立つ家の話やお客さまに説明するような話を伝えていきました。

開始から約2年経った今では毎回リアルタイムの視聴者が５００名前後、24時間以内の動画視聴者が延べ５０００人という番組に育ちました（インスタグラムのライブ動画は配信後24時間で消えます）。そこから新たなお客さまが生まれたり、既存のお客さまとのつながりの場になったりしています。

そして、このインスタグラムでの関係性が、家の設計や施工、リフォームといった仕事の受注につながるのです。

お客さまは東さんの発信を何度も視聴し、信頼の上での来店なので、仕事内容や価格面で他社と比較されることもほぼなくなっています。

入塾前と比較すると、年間４００万円の広告宣伝費が約50％に削減でき、しかも集客は安定しています。現在は、新築着工棟数を純増させ、年間約9棟の家を手がけるようになりました。さらに、大型リノベーションも依頼されるようになり、年間約2棟を手がけています。

年間売上の8割がインスタグラム経由でのつながりであがっています。

受注数でいえば、ひまわり工房にとって、将来にわたり無理なくお客さまとおつき合いを続けるには適した数です。

東さんのインスタグラムのフォロワー数は、2017年5月当初は1000人でしたが、2019年2月現在では3万人以上です。

「好きなことを仕事と掛け合わせて生きていく」を実践することは、つながる人たちとの時間を生涯にわたって豊かにしていくことになるのです。

豊かなつながりが、豊かな仕事を生み、その渦が少しずつ大きくなっていく。

そして楽しく仕合わせなビジネスができるようになるのです。

8 SNS飽和時代。コミュニティづくりの新ルール

SNSが急速に普及して、ビジネスマンはもちろん、主婦や学生、シニア世代などがインスタグラム、ツイッター、フェイスブックといったSNSを使って情報発信をしています。みんなが使うことによって、情報が天文学的に増えたってことです。

だから、これまで読まれていたあなたの投稿が見られなくなってきている。

さらに、個人が各々、SNSの中に大なり小なりのコミュニティを持つようになった。たくさんのコミュニティに属するようにもなり、とても忙しくなっていく。あるコミュニティでの交流が楽しいから、今までいたコミュニティとは疎遠になったり、関係が薄くなったりする。

その流れを止めることはできません。しょうがないことなのです。

そうすると、初期の頃のSNSとは違い、反応だって悪くなっていきます。

反応が悪くなると、SNSに投稿しなくなったり、やめてしまう人も多く出てきます。

SNSは、次の段階に入ったといえるでしょう。

初期のSNSは、人々をオンライン上でつなぐことが目的でした。

でも現代はその目的が、ステージ2に入っています。

多くのSNSで、「見てもらう」ことより、「コミュニケーションや対話」が重要視されているようになっているということ。

フェイスブックの個人データ流出問題やフェイクニュースといった悪質なコンテンツなどの問題があって、各SNSのアルゴリズムが変わったということ。

アルゴリズムというのは、どの投稿を誰に表示するかの基準みたいなものです。

それをAIを使ってコントロールしているわけです。

SNSのアルゴリズムが変わったことで、これからのSNS活用では、今までの投稿とはちょっと違う意識を持つことが必要になってくる。

多くのSNSで「コミュニティ」がキーワードになっています。

今までは、フェイスブックに投稿したら、ある程度の「いいね！」がついたものも、その数が少なくなっています。フェイスブックでリンクしたブログは、明らかに反応が悪くなっていると感じている人も多いでしょう。

たとえばボクの場合、ブログをフェイスブックにリンクしたとき、以前だったら、「いいね！」が500近くありました。でも、ここのところ300前後になっています。

明らかに「リンク投稿」はあまり表示されなくなっている。

フェイスブックは、公式にミッションを「コミュニティ支援」といっています。

実際に「グループ機能」などを活用して、多くのオンラインコミュニティがフェイスブック上で活動しています。まさに「コミュニティを応援するSNS」になっている。

フェイスブックの投稿では、つながっている友達や家族、近い存在の人たちの会話、話題が盛り上がる投稿は、多く長く表示される傾向があります。

第三者のリンクは表示されにくいし、売り込みや、「いいね！」、コメント、リツイートを促す投稿も、表示されにくい。ブログのリンクや他のニュースなどのリンクばかりではなく、オーガニックな投稿（リンクやシェアとかではなく、投稿者自身によるオリジナルの投稿のこと）も必要になってきたということです。

会話や交流を生み出す投稿、つながっている人やフォロワーの投稿にアクションすることなどを心がける必要があります。

たとえば、ある日曜日に、ボクは人気漫画『キングダム』のことをフェイスブックに投稿しました。秦の始皇帝が中華統一をする過程の物語なのですが、ビジネスに役立つたくさんの気づきがあるなと思いながら読み、こんな質問をしてみた。

【キングダム読者に質問】

日曜日、いかがお過ごしですか？　のんびりと好きな本やコミックを読んでいる人もいますね。僕はあまりコミックを読みませんが、『キングダム』は読んでいます。先日出た50巻もすぐに読みました。以前エクスマ塾のスタッフ、壁下くんから勧められて、大人買いしてからハマりました。

史上初めて中華を統一した、秦の始皇帝の中華統一のプロセスの話。個性が際立ったキャラクターがたくさん出てきます。物語もとても面白く、一級のエンターテインメントです。

さらに面白いのは、ビジネスや仕事の気づきがたくさんあること。人々の心を捉える方法、リーダーシップ、チームワーク、自分自身の成長、交渉術、組織内での振る舞い、戦いを組み立てるシナリオ能力などなど。とても気づきがある。
そこでキングダムを読んでいる方に質問です。
あなたが感じている「キングダムからのビジネスの気づき」を教えてください。
どんなことでもいいからコメントで教えて。よろしくね。

この投稿をしてわかったことは次の4点です。

・いつもの投稿よりコメントが長くなる
・他の人のコメントにさらに他人がコメントする
・投稿後、1週間経ってもコメントがくる（＝長く表示されている）
・「いいね！」の数も普段の投稿よりも多い（＝多くの人に表示されている）

毎回、こうした質問形式の投稿だといやがられるから多用はしないほうがいいですが、コミュニケーションを促すにはかなり有効だという結果です。
フェイスブックはやっぱり「発信」よりも「会話」を優先している。そのことを確信しました。

一方的な発信ではなく、つながっているコミュニティが活性化するような投稿や、会話が盛り上がる投稿が優先されるということ。

自己中心的な発信は、あまり歓迎されなくなっている。表示されにくいのです。

ツイッターも変わりました。以前のツイッターは、フォローしている人の投稿が時系列にタイムラインに流れてきました。でも昨今は、ユーザーにとって最適だと思われるコンテンツを優先的にタイムラインに流しています。

フォロワーにとって見るべきツイートを優先して「ハイライト」として表示させている。これも近しい関係の人が優先的に出るようになっているようです。

具体的にいうと、あなたがツイッターの場でコミュニケーションしている人が優先される。

ツイッターの投稿もフェイスブックと同じく、コミュニケーションや交流、対話を大切にしているということを前提に考えましょう。

発信だけではなく、それ以上にフォロワーと交流すること。

「いいね」「リツイート」「返信」を積極的にすることが大事です。ツイッターは関係性が薄くても、気軽に反応してかまわないＳＮＳなので、遠慮せず反応しましょう。

さらに、１４０文字の制限ギリギリまで使って、情報量を多くすることも大事です。ある時期、ボクは、意識して１４０文字に近い長めのツイートをする期間と、あまり文字数を考えないで普通のツイートをする期間の、フォローしてくれる人数の違いを調べてみました。結果、長いツイートの期間のほうが28％くらいフォローしてくれる人数が増えました。

もちろん内容的なものもあると思いますが、相対的に長めに書いていた期間のほうがインプレッションが増えたのです。

他にも、ブログのリンクより、オーガニックなツイートのほうが反応がいいという結果があります。フェイスブックと同じく、ライブ動画もインプレッションが多くなる。

投稿時間もポイントになります。あなたのフォロワーがツイッターを使っている時間帯を把握して、その時間に投稿することを心がけましょう。

すべてに共通するのは、「相手（フォロワー）のことを考えて」という思考です。

9 すべての企業も人も情報産業になる

フェイスブックやツイッター、インスタグラムなどは活用している人としていない人とでは、もはやまったく世界が変わるといってもいいくらいです。

やっていない人は、やっている人の世界が見えないので、その部分はわからない。

お客さまが流出しているかもしれないし、大きなチャンスを逃しているのかもしれない。

それに気づかないのです。


本当に、SNSというのはすごいツールです。

こんなに便利なものを無料で使えるのですから、いい時代ですよね。

フェイスブック、ツイッター、インスタグラム、ティックトックなどのSNS。

イェルプやスウォームなどの位置情報サービス。

LINEやスナップチャットなどのメッセージアプリ。

ブログやユーチューブなどのストック情報。

情報発信の手段、コミュニケーションの手段は、限りなくコストがゼロになっている。

こういう時代だから、すべての企業や人が「情報産業」といってもいいくらいです。

モノを売っていても情報が価値になる。

これからは、情報を価値にすることです。

SNSなどで、情報を発信して共感を得ることです。

そういうシナリオを描けなければ、あなたの会社もあなた自身もかなり苦しくなります。


どういう思いでその商品を売っているのか。

あなたのビジネスが、世の中にどんないい影響を与えるのか。

たくさんの、一貫性のある「発信」をすることで、あなたの周囲がエネルギーとパワーのある「場」になります。

このエネルギーは目に見えませんが、確実に存在します。

そしてそのエネルギーに共感したり、影響された人たちが集まってくる。

似た価値観の人たち、あなたに憧れる人たち、好きになってくれる人たち……あなたの発信で人々を熱狂させるのです。


こうした自然発生のコミュニティは強いものです。

価値観に共感したコミュニティというのはとっても関係性が深くなる。

決してお客さまに媚びることはしない。卑屈になることもない。傲慢になることもない。

そうなると、価格やスペックなどとは無縁の世界になります。

お客さまを囲い込む、などという発想ではなく、お客さまのほうから囲い込まれるようになること。それが長く繁栄する秘訣です。

今期のことばかり気にして、「一時の利益」や「無限の拡大」を目指すのではなく、長い目であなたのビジネスを考えましょう。

10 ロボット誕生とゴーレムの呪い

今では世界中で使われている「ロボット」という言葉。最初に世の中に現れたのは、1920年でした。この言葉の生みの親は、科学者でも、研究者でもなく、文学者。チェコスロバキアの作家、カレル・チャペックで、『ロボット(R・U・R)』という戯曲の中で初めて登場したのです。

人間が、自分たちと同じ能力を持った人造人間をつくり出し、人間がやらなくてもいい労働を、この人造人間にやらせようとする工場が舞台です。

そのために社会にさまざまな変化が起きる。労働組合がロボット導入に反対したり、導入が遅れた会社が倒産したり、まるで今起きていることを描いているような内容です。そのうちロボットたちは意思を持ち始め、人間に対して反乱を起こし、滅ぼそうとします。

ネタバレになるので結論は書きませんが、人間って何だろう、人間の存在意義は何だろう、労働って何だろう、そんなことを考えさせられるSFです。

映画『ターミネーター』も『ブレードランナー』も、チャペックのこの戯曲がなかったら、生まれていなかったかもしれません。

戯曲に登場する会社の名前が「R《エル》・U《ウー》・R《エル》」――ロッスムのユニバーサル・ロボット社。

そもそも、「ロボット」という言葉はチェコ語の「賦役」がもとになっているそうです。

賦役というのは近代以前、ヨーロッパで、領主から食べ物や服を与えられ、その代わりに領主の農場で働くことを意味する言葉。金銭的な報酬をもらわず最低限の生活だけの人たちがたくさんいた。「ロボット」とはそういう意味でした。

この戯曲の中で会社の社長、ハリー・ドミンがこう語ります。

「ええ、十年もしないうちにロッスムのユニバーサル・ロボットが、小麦でも、布地でも、何もかもうんと作り出すので、そう、物にはもう値段がなくなるのです。そのときは誰でも必要なだけ取りなさいということになります。貧困もなくなります。そうです、仕事もなくなります。でもその後ではもう労働というものがなくなるのです。何もかも生きた機械がやってくれます。人間は好きなことだけをするのです。自分を完成させるためにのみ生きるのです。」（カレル・チャペック『ロボット（R・U・R）』岩波文庫）

今から100年前に書かれたものとは思えない先見性です。

でもこの戯曲では、その予想が裏切られ、ロボットが反乱を起こす。『ロボット』を読んでいて、ボクはある神話を思い出しました。ユダヤ神話に登場する怪人「ゴーレム」です。チャペック自身、ゴーレムに着想を得た戯曲と語っているそうです。

ゴーレムは、人間に仕えるためにつくり出された泥人形。つくった主人の命令だけを忠実に実行する召し使いのような存在です。使うためにはルールがあり、それを守らないと狂暴化してしまう。ゴーレムの動きを止めるには、額に書かれた呪文の1文字を消さなければなりません。

ある伝承では、男がゴーレムをつくったらどんどん大きくなり、額に手が届かなくなり動きを止められなくなってしまった。そこで、ゴーレムに自分の靴を脱がせるように命じ、ゴーレムがしゃがんだときに額の文字を消した。その途端、ゴーレムは大量の粘土となって男の上に崩れ落ち、男は圧死してしまう。

自分でつくり出したものなのに、それをコントロールできなくなり死んでしまう。アイロニーに満ちた話です。

この神話、現代社会に通じるものがないでしょうか。

自分から望んだものなのに、自分が仕合わせになるためにつくり出したものなのに、それに苦しめられて、悩みの原因になり、そのうち自由も奪われ、そのものの奴隷になってしまう。

会社、コミュニティ、家庭、市場……自分がつくり出したものの奴隷になっている人がとても多い。ボクはそう考えています。

たくさんの人が、まるで、ゴーレムの呪いのようにいろいろな場で命を削っている。そんなことは本末転倒です。

もっとシンプルに考えて、本質は何かを見つめることが大事です。

何のためにやっているのか、本当に大切なことは何か、真の目的は何か。それを見つめ、余計なことは捨ててしまいましょう。

そして、いつもいい気分になる方向に、心をデザインしていくこと。

ワクワクすることを、積極的にすること。

ワクワクしながら楽しいことをやっていると、不思議なことですが、いい縁のある人と知り合ったり、チャンスが巡ってきたりするのです。
そして、結果、仕合わせな人生になっていく。

SNSというツールがある素晴らしい環境の中、いかに自分の価値を高めていき、発信していくかが問題です。
情報の発信が個人でもできる時代になったのです。
ワクワクすることを選んでください。

ワクワクする楽しい方向が、正しい方向なのです。

ゴーレムの呪いにかからないために。

11 SNSのフォロワーはあなたの資産

SNSのフォロワーは、あなたの資産です。

これは、経営者や個人事業主だけでなく、会社員でも学生でも同じことです。

質のいいフォロワーが1万人いるとしたら、一生食べるに困らないでしょう。

その1万人はあなたのファンだといってもいいからです。

SNSを禁止している会社もありますが、個人の発信を制限することはできません。

所属先を名乗り会社や仕事の内容を発信するのではなく、あなた自身が個人として、あなたの自由な時間の中で自分のことを発信するのは自由でしょう。

しっかりとしたリテラシーを持って、非常識な発信をしなければ、何の問題もないはずです。

あなたの好きなこと、あなたの日常、あなたの専門性、得意なこと。そういったことを個人で発信して、多くのフォロワーを獲得することです。

あなたが発信する情報に、共感してくれる人、好きになってくれる人、面白がってくれる人……そんなファンをつくっていく意識を持ちましょう。

SNSを積極的に使うこと。それが現代のビジネスパーソンとして、重要なことなのです。

自分自身に価値をつけて、フォロワーを増やす。

それは、あなたのセイフティーネットにもなります。

たとえば、所属している会社から離れることになっても、コミュニティを持ち、そこで信頼を獲得しているあなたならば、発信ゼロでコミュニティもゼロの人より、ずっと早く希望の職につけるはずです。もしかすると独立して成功する道だって、広がります。

1万人のファンがいるということは、1万人の潜在顧客がいるのと一緒です。

そういう意味で、一生食べるに困らないということです。

12 会社員でもファンを持てる時代

まだインターネットもない時代、営業関連の研修やビジネス書でよくいわれていたことがあります。「商品を売るな！　自分を売れ！」ということ。

簡単にいうと、お客さまから好かれ、共感を獲得し、最終的には「あなたが勧めるから買う」「あなただからお願いするわ」といってもらえる、そういう営業。ある意味、それが最強の営業マンでした。

そして現代、SNSの時代になり、その傾向はさらに強くなっています。

たくさんの人やモノとつながりやすくなり、とっても便利な生活ができるようになった。

個人の発信と、それにつながった人の発信が、今この瞬間もインターネットの中を駆け巡っています。このつながりの中で消費が行われているのです。

どこで買うかより、誰から買うかの時代になった。

昔のようにマスメディアを使って、商品を告知し、新規のお客さまを獲得するという従来のやり方だけではなくなりました。SNSとスマホの普及で世の中が大転換したのです。

いい商品を並べていたら、お客様が来店してくれるなんてことはないし、売れるチラシを何度も折り込んでも、売れるPOPをいくら店内に並べても、そもそもお客さまがいなかったら、意味がないのです。

SNSの世界が、リアルの世界にも影響を与えています。

SNSの情報の影響による消費が増えているってことです。

今の時代、個人がメディアになることが、最強です。

個人が発信する手段を持ち、個人の発信が価値になる。

そういう環境になっているのですから。

経営者や個人事業主はもちろん、組織に所属している会社員も「個」のブランドが価値となる時代です。今の時代、お客さまは会社につくのではなく、人につくのです。

おわりに

この本は、ボクがブログや講演、セミナーなど、さまざまな形で発信していることをベースに、書き下ろしました。

単行本の刊行から3年。事例に取り上げた会社は、その後どんどんSNSの活用を加速させ、さらに成功をおさめています。

「はじめに」に登場しているアパレルメーカー、株式会社ピーアイの短パン社長こと奥ノ谷圭祐さんは、服だけではなく、お米、ビール、コーヒー豆、サングラス、イベントなどなどをSNSでつながった人たちに売って喜ばれています。お米をつくるときには、コミュニティの人たちに声をかけ、田植え部を結成。長野県の田んぼを借りて、実際に田植えから稲刈りまで自分たちでやりました。それをSNSを通じて発信し、SNSだけで売る。

アパレルという枠から逸脱して、「人々を楽しませる」というビジネスになっています。

清水雄一郎さんが社長を務める大阪製罐株式会社も今ではかなり進化しました。缶工場という本来のメーカー事業とは別に、洋菓子店向けにオリジナルの缶を製造する事業「お菓子のミカタ」を立ち上げ、小ロットでかわいいオリジナル缶を提供。洋菓子店の売上向上に貢献する仕事です。当時はインターネットの中だけの店舗でした。それがリアル店舗を東京の恵比寿に出店し、マスメディアにも取り上げられ、大繁盛しています。

甲子園出場校の野球チームのクリーニングをすべて請け負い、深夜に洗って翌日の朝に届けるという「甲子園クリーニング」を行う「クリーニングBe」の社長、壁下陽一さん。「甲子園クリーニング」はすっかり定番になって、多くの高校から依頼があります。そして、うれしいことに、本書で紹介した福井県の啓新高校が2019年春の選抜甲子園に初出場が決定。甲子園クリーニングを利用することになりました。

そのほか、本書に登場する多くの人が楽しく繁盛しているのです。

この本をつくっている途中で、とっても面白い未来を見たような気持ちになりました。

それは奇妙な未来です。「客」という観念がなくなってしまった世界。

お客さまは世の中にいない。

あなたの商品を買ってくれる人はすべて「お友達」だということ。

SNSで知り合いや友人になって、コミュニケーションしているうちに、商品を買ってくれるようになる。

実際に会って、遊んだり、飲んだり、楽しんだりしているうちに、商品を買ってくれるようになる。


消費はすべて「つながり」から起きる。

ものはすべて「つながり」から買う。

欲しいものや新しい商品は、すべて「つながり」が教えてくれる。


それはもはや、「売る」ための行為がなくなっている世界。

広告や販促、接客やリアル店舗すらも存在しなくなっている。

キャッチコピーも売れるPOPも必要ない世界。


友人や知人から売ってといわれるような状況なので、売り込むという行為も存在しない。

友人や知人はあなたに共感し、あなたのことを熟知しているので、クレームもほぼない。

あなたのことを、いつも応援してくれる。

友好的なつながりが多いほど、ビジネスは繁栄する。

つながっていない者は、どんなに努力しても成功しない。

そういう未来。

本書でも紹介したように、もうそれに近いビジネスをしている人はたくさんいる。

今後、ビジネスで成功するためには、協調や調和がキーワードになっていくでしょう。

誰かと比較しなくても、戦わなくても、成功して豊かな人生を過ごすことができる。

たくさんの人とつながり、あなたらしさを出して、コミュニケーションを楽しむ。

これが、ビジネスの潮流になるのです。

あなたとあなたの大切な人たちが仕合わせになることを祈っています。

藤村正宏